最新法律文件解读丛书

民事法律文件解读

MINSHI FALU WENJIAN JIEDU

最新法律文件解读丛书编选组　编

总第191辑　2020.11

人民法院出版社

图书在版编目(CIP)数据

民事法律文件解读. 总第191辑/最新法律文件解读丛书编选组编. --北京：人民法院出版社，2021.2
(最新法律文件解读丛书)
ISBN 978-7-5109-3040-9

Ⅰ.①民… Ⅱ.①最… Ⅲ.①民法-法律解释-中国 ②民事诉讼法-法律解释-中国 Ⅳ.①D923.05 ②D925.105

中国版本图书馆CIP数据核字（2020）第249063号

民事法律文件解读·总第191辑
最新法律文件解读丛书编选组　编

责任编辑　丁丽娜
出版发行　人民法院出版社
地　　址　北京市东城区东交民巷27号　邮编　100745
电　　话　(010)67550608(责任编辑)　67550558(发行部查询)
　　　　　65223677(读者服务部)
客服QQ　2092078039
网　　址　http://www.courtbook.com.cn
E-mail　courtbook@sina.com
印　　刷　三河市国英印务有限公司
经　　销　新华书店
开　　本　787毫米×1092毫米　1/16
字　　数　123千字
印　　张　8
版　　次　2021年2月第1版　　2021年2月第1次印刷
书　　号　ISBN 978-7-5109-3040-9
定　　价　22.00元

卷首语

2020年11月9日，最高人民法院审判委员会第1815次会议审议通过了《最高人民法院关于知识产权民事诉讼证据的若干规定》（以下简称《知产证据规定》）。该司法解释于2020年11月18日施行。《知产证据规定》的制定，遵循民事诉讼证据基本规则，立足知识产权审判实际，以诉讼诚信为指引，以妨害民事诉讼强制措施为保障，进一步完善了证据提交、证明妨碍、证据保全和司法鉴定等重要制度，适当减轻权利人举证负担，推动构建激励、引导当事人积极、主动举证的知识产权民事诉讼制度。本辑重点收录该规定及其解读文章。

另外，本辑还专门收录了最高人民法院发布的第25批共4件弘扬社会主义核心价值观指导性案例。其中，指导案例140号《李秋月等诉广州市花都区梯面镇红山村村民委员会违反安全保障义务责任纠纷案》对于明确安全保障义务的范围、规范人们行为等方面具有积极意义。指导案例141号《支某1等诉北京市永定河管理处生命权、健康权、身体权纠纷案》明确了侵权责任认定的法律标准和证据规则，重申了严格正确适用法律，不能以情感或结果责任主义为导向将损失交由不构成侵权的他方承担的原则。指导案例142号《刘明莲、郭丽丽、郭双双诉孙伟、河南兰庭物业管理有限公司信阳分公司生命权纠纷案》在分清是非的基础上，对于“死者为大”传统思想支配下的裁判理念予以否定，明白无误地表明了司法的态度，对劝阻人的善行和义举给予肯定和鼓励，对正确适用法律，弘扬社会主义核心价值观作出了生动诠释。指导案例143号《北京兰世达光电科技有限公司、黄晓兰诉赵敏名誉权纠纷案》对于规范公民网络空间行为，倡导文明交往社会风尚，依法处理类似案件具有指导示范意义。

《最新法律文件解读》丛书
编 辑 部

兰丽专　（010）67550626

丁丽娜　（010）67550608

张　奎　（010）67550673

路建华　（010）67550660

杨晓燕　（010）67550508

执行编辑　丁丽娜

邮　　箱　dlnlaw@163.com

目录

法律、法律性文件与解读

司法解释、司法指导性文件与解读

司法实务问题研究

新类型疑难案例选评

法律、法律性文件与解读

全国人民代表大会常务委员会

关于修改《中华人民共和国专利法》的决定

（2020 年 10 月 17 日第十三届全国人民代表大会

常务委员会第二十二次会议通过）

第十三届全国人民代表大会常务委员会第二十二次会议决定对《中华人民共和国专利法》作如下修改：

一、将第二条第四款修改为：“外观设计，是指对产品的整体或者局部的形状、图案或者其结合以及色彩与形状、图案的结合所作出的富有美感并适于工业应用的新设计。”

二、将第六条第一款修改为：“执行本单位的任务或者主要是利用本单位的物质技术条件所完成的发明创造为职务发明创造。职务发明创造申请专利的权利属于该单位，申请被批准后，该单位为专利权人。该单位可以依法处置其职务发明创造申请专利的权利和专利权，促进相关发明创造的实施和运用。”

三、将第十四条改为第四十九条。

四、将第十六条改为第十五条，增加一款，作为第二款：“国家鼓励被授予专利权的单位实行产权激励，采取股权、期权、分红等方式，使发明人或者设计人合理分享创新收益。”

五、增加一条，作为第二十条：“申请专利和行使专利权应当遵循诚实信用原则。不得滥用专利权损害公共利益或者他人合法权益。

“滥用专利权，排除或者限制竞争，构成垄断行为的，依照《中华人民共和国反垄断法》处理。”

六、删除第二十一条第一款中的“及其专利复审委员会”。

将第二款修改为：“国务院专利行政部门应当加强专利信息公共服务体系建设，完整、准确、及时发布专利信息，提供专利基础数据，定期出版专利公报，促进专利信息传播与利用。”

七、在第二十四条中增加一项，作为第一项：“（一）在国家出现紧急状态或者非常情况时，为公共利益目的首次公开的”。

八、将第二十五条第一款第五项修改为：“（五）原子核变换方法以及用原子核变换方法获得的物质”。

九、将第二十九条第二款修改为：“申请人自发明或者实用新型在中国第一次提出专利申请之日起十二个月内，或者自外观设计在中国第一次提出专利申请之日起六个月内，又向国务院专利行政部门就相同主题提出专利申请的，可以享有优先权。”

十、将第三十条修改为：“申请人要求发明、实用新型专利优先权的，应当在申请的时候提出书面声明，并且在第一次提出申请之日起十六个月内，提交第一次提出的专利申请文件的副本。

“申请人要求外观设计专利优先权的，应当在申请的时候提出书面声明，并且在三个月内提交第一次提出的专利申请文件的副本。

“申请人未提出书面声明或者逾期未提交专利申请文件副本的，视为未要求优先权。”

十一、将第四十一条修改为：“专利申请人对国务院专利行政部门驳回申请的决定不服的，可以自收到通知之日起三个月内向国务院专利行政部门请求复审。国务院专利行政部门复审后，作出决定，并通知专利申请人。

“专利申请人对国务院专利行政部门的复审决定不服的，可以自收到通知之日起三个月内向人民法院起诉。”

十二、将第四十二条修改为：“发明专利权的期限为二十年，实用新型专利权的期限为十年，外观设计专利权的期限为十五年，均自申请日起计算。

“自发明专利申请日起满四年，且自实质审查请求之日起满三年后授予发明专利权的，国务院专利行政部门应专利权人的请求，就发明专利在授权过程中的不合理延迟给予专利权期限补偿，但由申请人引起的不合理延迟除外。

“为补偿新药上市审评审批占用的时间，对在中国获得上市许可的新药相关发明专利，国务院专利行政部门应专利权人的请求给予专利权期限补偿。补偿期限不超过五年，新药批准上市后总有效专利权期限不超过十四年。”

十三、将第四十五条、第四十六条中的“专利复审委员会”修改为“国务院专利行政部门”。

十四、将第六章的章名修改为“专利实施的特别许可”。

十五、增加一条，作为第四十八条：“国务院专利行政部门、地方人民政府管理专利工作的部门应当会同同级相关部门采取措施，加强专利公共服务，促进专利实施和运用。”

十六、增加一条，作为第五十条：“专利权人自愿以书面方式向国务院专利行政部门声明愿意许可任何单位或者个人实施其专利，并明确许可使用费支付方式、标准的，由国务院专利行政部门予以公告，实行开放许可。就实用新型、外观设计专利提出开放许可声明的，应当提供专利权评价报告。

“专利权人撤回开放许可声明的，应当以书面方式提出，并由国务院专利行政部门予以公告。开放许可声明被公告撤回的，不影响在先给予的开放许可的效力。”

十七、增加一条，作为第五十一条：“任何单位或者个人有意愿实施开放许可的专利的，以书面方式通知专利权人，并依照公告的许可使用费支付方式、标准支付许可使用费后，即获得专利实施许可。

“开放许可实施期间，对专利权人缴纳专利年费相应给予减免。

“实行开放许可的专利权人可以与被许可人就许可使用费进行协商后给予普通许可，但不得就该专利给予独占或者排他许可。”

十八、增加一条，作为第五十二条：“当事人就实施开放许可发生纠纷的，由当事人协商解决；不愿协商或者协商不成的，可以请求国务院专利行政部门进行调解，也可以向人民法院起诉。”

十九、将第六十一条改为第六十六条，将第二款修改为：“专利侵权纠纷涉及实用新型专利或者外观设计专利的，人民法院或者管理专利工作的部门可以要求专利权人或者利害关系人出具由国务院专利行政部门对相关实用新型或者外观设计进行检索、分析和评价后作出的专利权评价报告，作为审理、处理专利侵权纠纷的证据；专利权人、利害关系人或者被控侵权人也可以主动出具专利权评价报告。”

二十、将第六十三条改为第六十八条，修改为：“假冒专利的，除依法承担民事责任外，由负责专利执法的部门责令改正并予公告，没收违法所得，可以处违法所得五倍以下的罚款；没有违法所得或者违法所得在五万元以下的，可以处二十五万元以下的罚款；构成犯罪的，依法追究刑事责任。”

二十一、将第六十四条改为第六十九条，修改为：“负责专利执法的部门根据已经取得的证据，对涉嫌假冒专利行为进行查处时，有权采取下列措施：

“（一）询问有关当事人，调查与涉嫌违法行为有关的情况；

“（二）对当事人涉嫌违法行为的场所实施现场检查；

“（三）查阅、复制与涉嫌违法行为有关的合同、发票、账簿以及其他有关资料；

“（四）检查与涉嫌违法行为有关的产品；

“（五）对有证据证明是假冒专利的产品，可以查封或者扣押。

“管理专利工作的部门应专利权人或者利害关系人的请求处理专利侵权纠纷时，可以采取前款第（一）项、第（二）项、第（四）项所列措施。

“负责专利执法的部门、管理专利工作的部门依法行使前两款规定的职权时，当事人应当予以协助、配合，不得拒绝、阻挠。”

二十二、增加一条，作为第七十条：“国务院专利行政部门可以应专利权人或者利害关系人的请求处理在全国有重大影响的专利侵权纠纷。

“地方人民政府管理专利工作的部门应专利权人或者利害关系人请求处理

专利侵权纠纷，对在本行政区域内侵犯其同一专利权的案件可以合并处理；对跨区域侵犯其同一专利权的案件可以请求上级地方人民政府管理专利工作的部门处理。”

二十三、将第六十五条改为第七十一条，修改为：“侵犯专利权的赔偿数额按照权利人因被侵权所受到的实际损失或者侵权人因侵权所获得的利益确定；权利人的损失或者侵权人获得的利益难以确定的，参照该专利许可使用费的倍数合理确定。对故意侵犯专利权，情节严重的，可以在按照上述方法确定数额的一倍以上五倍以下确定赔偿数额。

“权利人的损失、侵权人获得的利益和专利许可使用费均难以确定的，人民法院可以根据专利权的类型、侵权行为的性质和情节等因素，确定给予三万元以上五百万元以下的赔偿。

“赔偿数额还应当包括权利人为制止侵权行为所支付的合理开支。

“人民法院为确定赔偿数额，在权利人已经尽力举证，而与侵权行为相关的账簿、资料主要由侵权人掌握的情况下，可以责令侵权人提供与侵权行为相关的账簿、资料；侵权人不提供或者提供虚假的账簿、资料的，人民法院可以参考权利人的主张和提供的证据判定赔偿数额。”

二十四、将第六十六条改为第七十二条，修改为：“专利权人或者利害关系人有证据证明他人正在实施或者即将实施侵犯专利权、妨碍其实现权利的行为，如不及时制止将会使其合法权益受到难以弥补的损害的，可以在起诉前依法向人民法院申请采取财产保全、责令作出一定行为或者禁止作出一定行为的措施。”

二十五、将第六十七条改为第七十三条，修改为：“为了制止专利侵权行为，在证据可能灭失或者以后难以取得的情况下，专利权人或者利害关系人可以在起诉前依法向人民法院申请保全证据。”

二十六、将第六十八条改为第七十四条，修改为：“侵犯专利权的诉讼时效为三年，自专利权人或者利害关系人知道或者应当知道侵权行为以及侵权人之日起计算。

“发明专利申请公布后至专利权授予前使用该发明未支付适当使用费的，

专利权人要求支付使用费的诉讼时效为三年，自专利权人知道或者应当知道他人使用其发明之日起计算，但是，专利权人于专利权授予之日前即已知道或者应当知道的，自专利权授予之日起计算。”

二十七、增加一条，作为第七十六条：“药品上市审评审批过程中，药品上市许可申请人与有关专利权人或者利害关系人，因申请注册的药品相关的专利权产生纠纷的，相关当事人可以向人民法院起诉，请求就申请注册的药品相关技术方案是否落入他人药品专利权保护范围作出判决。国务院药品监督管理部门在规定的期限内，可以根据人民法院生效裁判作出是否暂停批准相关药品上市的决定。

“药品上市许可申请人与有关专利权人或者利害关系人也可以就申请注册的药品相关的专利权纠纷，向国务院专利行政部门请求行政裁决。

“国务院药品监督管理部门会同国务院专利行政部门制定药品上市许可审批与药品上市许可申请阶段专利权纠纷解决的具体衔接办法，报国务院同意后实施。”

二十八、删除第七十二条。

二十九、将第七十三条改为第七十九条，第七十四条改为第八十条，将其中的“行政处分”修改为“处分”。

本决定自 2021 年 6 月 1 日起施行。

《中华人民共和国专利法》根据本决定作相应修改并对条文顺序作相应调整，重新公布。

关于《中华人民共和国专利法修正案（草案）》的说明

——2018 年 12 月 23 日在第十三届全国人民代表大会常务委员会第七次会议上

国家知识产权局局长　申长雨

委员长、各位副委员长、秘书长、各位委员：

我受国务院委托，现对《中华人民共和国专利法修正案（草案）》作说明。

一、修改的必要性

党中央、国务院高度重视知识产权保护。习近平总书记指出，要加强知识产权保护，完善执法力量，加大执法力度，把违法成本显著提上去，把法律威慑作用充分发挥出来。李克强总理强调，保护知识产权就是保护创新，要加强知识产权保护和运用，依法严厉打击侵犯知识产权和制假售假行为。当前，我国经济正处在转变发展方式、优化经济结构、转换增长动力的攻关期，创新是引领发展的第一动力，加强知识产权保护、提高自主创新能力，已经成为加快转变经济发展方式、实施创新驱动发展战略的内在需要。我国现行专利法于 1985 年施行，曾分别于 1992 年、2000 年、2008 年进行过三次修正，对鼓励和保护发明创造、促进科技进步和创新发挥了重要作用。随着形势发展，专利领域出现了一些新情况、新问题：专利权保护效果与专利权人的期待有差距，专利维权存在举证难、成本高、赔偿低等问题，跨区域侵权、网络侵权现象增多，滥用专利权现象时有发生；专利技术转化率不高，专利许可供需信息不对称，转化服务不足；适应加入相关国际条约和给发明人、设计人取得专利权提供更多便利的需要，专利授权制度也有待进一步完善。为了进一步贯彻落实党中央、国务院部署要求，解决实践中存在的问题，有必要修改现行专利法。

2015 年 7 月，国家知识产权局报请国务院审议《中华人民共和国专利法修订草案（送审稿）》。原国务院法制办收到此件后，深入调查研究，先后两次征求有关部门、地方政府和有关团体意见，并向社会公开征求意见，反复研究、修改完善。今年以来，司法部又会同国家知识产权局等部门根据新形势新要求，反复研究、协调、修改，形成了《中华人民共和国专利法修正案（草案）》（以下简称草案）。草案已经国务院第 33 次常务会议讨论通过。

二、草案主要内容

草案在总体思路上主要把握了以下三点：一是加强对专利权人合法权益的保护。加大对专利侵权行为的惩治力度，在充分发挥司法保护主导作用的同时，完善行政执法，提升专利保护效果和效率。二是促进专利实施和运用。完善对发明人、设计人激励机制以及专利授权制度，加强专利公共服务，为专利权的取得和实施提供更多便利，激发创新积极性，促进发明创造。三是将实践证明成熟的做法上升为法律规范。

（一）加强对专利权人合法权益的保护。

一是加大对侵犯专利权的赔偿力度。规定：对故意侵犯专利权，情节严重的，可以在按照权利人受到的损失、侵权人获得的利益或者专利许可使用费倍数计算的数额一到五倍内确定赔偿数额；并将在难以计算赔偿数额的情况下法院可以酌情确定的赔偿额，从现行专利法规定的一万元到一百万元提高为十万元到五百万元。（第十八条第一款、第二款）

二是完善举证责任。增加规定：人民法院为确定赔偿数额，在权利人已经尽力举证，而与侵权行为相关的账簿、资料主要由侵权人掌握的情况下，可以责令侵权人提供与侵权行为相关的账簿、资料，侵权人不提供或者提供虚假的账簿、资料的，人民法院可以参考权利人的主张和提供的证据判定赔偿数额。（第十八条第四款）

三是完善专利行政执法。增加规定：国务院专利行政部门可以应专利权人或者利害关系人的请求处理在全国有重大影响的专利侵权纠纷；管理专利工作的部门应专利权人或者利害关系人的请求处理专利侵权纠纷，对在本行政区域内侵犯其同一专利权的案件可以合并处理；对跨区域侵犯其同一专利权的案件可以请求上级人民政府管理专利工作的部门处理。（第十六条）

四是明确网络服务提供者对网络侵权的连带责任。增加规定：专利权人或者利害关系人可以依据人民法院生效的判决书、裁定书、调解书，或者管理专利工作的部门作出的责令停止侵权的决定，通知网络服务提供者采取删除、屏蔽、断开侵权产品链接等必要措施，网络服务提供者未及时采取必要措施的，要承担连带责任。（第十七条）

五是明确诚实信用和禁止权利滥用原则。增加规定：申请专利和行使专利权应当遵循诚实信用原则，不得滥用专利权损害公共利益和他人合法权益或者排除、限制竞争。（第二条）

（二）促进专利实施和运用。

一是明确单位对职务发明创造的处置权。增加规定：单位对职务发明创造申请专利的权利和专利权可以依法处置，实行产权激励，采取股权、期权、分红等方式，使发明人或者设计人合理分享创新收益，促进相关发明创造的实施和运用。（第一条）

二是加强专利转化服务。规定：国务院专利行政部门应当加强专利信息公共服务体系建设，提供专利信息基础数据，促进专利信息传播与利用；国务院专利行政部门、地方人民政府管理专利工作的部门应当会同同级相关部门采取措施，加强专利公共服务，促进专利实施和运用。（第三条、第九条）

三是新设专利开放许可制度。增加规定：专利权人以书面方式向国务院专利行政部门声明愿意许可任何人实施其专利，并明确许可使用费支付方式、标准的，由国务院专利行政部门予以公告，实行开放许可；任何人有意愿实施开放许可的专利的，以书面方式通知专利权人，并依照公告的方式、标准支付许可使用费后，即获得专利实施许可。（**第十条、第十一条**）

（三）完善专利授权制度。

一是新设外观设计专利申请国内优先权制度。规定：申请人自外观设计在国内第一次提出专利申请之日起六个月内，又就相同主题在国内提出专利申请的，可以享有优先权。（**第五条**）

二是优化要求优先权程序。放宽专利申请人提交第一次专利申请文件副本的时限。（**第六条**）

三是延长外观设计专利权保护期。适应我国加入关于外观设计保护的《海牙协定》需要，将外观设计专利权的保护期由现行专利法规定的十年延长至十五年。（**第七条**）

草案和以上说明是否妥当，请审议。

全国人民代表大会常务委员会
关于修改《中华人民共和国著作权法》的决定

（2020年11月11日第十三届全国人民代表大会常务委员会第二十三次会议通过）

第十三届全国人民代表大会常务委员会第二十三次会议决定对《中华人民共和国著作权法》作如下修改：

一、将第二条、第九条、第十一条、第十六条、第十九条、第二十二条中的“其他组织”修改为“非法人组织”。

将第九条、第十一条、第十六条、第十九条、第二十一条中的“公民”修改为“自然人”。

二、将第三条中的“包括以下列形式创作的文学、艺术和自然科学、社会科学、工程技术等作品”修改为“是指文学、艺术和科学领域内具有独创性并能以一定形式表现的智力成果，包括”。

将第六项修改为：“（六）视听作品”。

将第九项修改为：“（九）符合作品特征的其他智力成果”。

三、将第四条修改为：“著作权人和与著作权有关的权利人行使权利，不得违反宪法和法律，不得损害公共利益。国家对作品的出版、传播依法进行监督管理。”

四、将第五条第二项修改为：“（二）单纯事实消息”。

五、将第七条、第二十八条中的“国务院著作权行政管理部门”修改为“国家著作权主管部门”。

将第七条中的“主管”修改为“负责”，“各省、自治区、直辖市人民政府的著作权行政管理部门”修改为“县级以上地方主管著作权的部门”。

六、将第八条第一款中的“著作权集体管理组织被授权后，可以以自己的名义为著作权人和与著作权有关的权利人主张权利”修改为“依法设立的著作权集体管理组织是非营利法人，被授权后可以以自己的名义为著作权人和与著作权有关的权利人主张权利”；将“诉讼、仲裁活动”修改为“诉讼、仲裁、调解活动”。

增加两款，作为第二款、第三款：“著作权集体管理组织根据授权向使用者收取使用费。使用费的收取标准由著作权集体管理组织和使用者代表协商确定，协商不成的，可以向国家著作权主管部门申请裁决，对裁决不服的，可以向人民法院提起诉讼；当事人也可以直接向人民法院提起诉讼。

“著作权集体管理组织应当将使用费的收取和转付、管理费的提取和使用、使用费的未分配部分等总体情况定期向社会公布，并应当建立权利信息查询系统，供权利人和使用者查询。国家著作权主管部门应当依法对著作权集体管理组织进行监督、管理。”

将第二款改为第四款，修改为：“著作权集体管理组织的设立方式、权利义务、使用费的收取和分配，以及对其监督和管理等由国务院另行规定。”

七、在第十条第一款第五项中的“翻拍”后增加“数字化”。

将第一款第七项修改为：“（七）出租权，即有偿许可他人临时使用视听作品、计算机软件的原件或者复制件的权利，计算机软件不是出租的主要标的的除外”。

将第一款第十一项、第十二项修改为：“（十一）广播权，即以有线或者无线方式公开传播或者转播作品，以及通过扩音器或者其他传送符号、声音、图像的类似工具向公众传播广播的作品的权利，但不包括本款第十二项规定的权利；

“（十二）信息网络传播权，即以有线或者无线方式向公众提供，使公众可以在其选定的时间和地点获得作品的权利”。

将第十条第一款第十项中的“电影和以类似摄制电影的方法创作的作品”、第十三项中的“电影或者以类似摄制电影”，第四十七条第六项中的“电影和以类似摄制电影”，第五十三条中的“电影作品或者以类似摄制电影的方法创作的作品”修改为“视听作品”。

八、将第十一条第四款改为第十二条第一款，修改为：“在作品上署名的自然人、法人或者非法人组织为作者，且该作品上存在相应权利，但有相反证明的除外。”

增加两款，作为第二款、第三款：“作者等著作权人可以向国家著作权主管部门认定的登记机构办理作品登记。

“与著作权有关的权利参照适用前两款规定。”

九、将第十三条改为第十四条，增加一款，作为第二款：“合作作品的著作权由合作作者通过协商一致行使；不能协商一致，又无正当理由的，任何一方不得阻止他方行使除转让、许可他人专有使用、出质以外的其他权利，但是所得收益应当合理分配给所有合作作者。”

十、增加一条，作为第十六条："使用改编、翻译、注释、整理、汇编已有作品而产生的作品进行出版、演出和制作录音录像制品，应当取得该作品的著作权人和原作品的著作权人许可，并支付报酬。"

十一、将第十五条改为第十七条，修改为："视听作品中的电影作品、电视剧作品的著作权由制作者享有，但编剧、导演、摄影、作词、作曲等作者享有署名权，并有权按照与制作者签订的合同获得报酬。

"前款规定以外的视听作品的著作权归属由当事人约定；没有约定或者约定不明确的，由制作者享有，但作者享有署名权和获得报酬的权利。

"视听作品中的剧本、音乐等可以单独使用的作品的作者有权单独行使其著作权。"

十二、将第十六条改为第十八条，在第二款第一项中的"地图"后增加"示意图"。

第二款增加一项，作为第二项："（二）报社、期刊社、通讯社、广播电台、电视台的工作人员创作的职务作品"。

十三、将第十八条改为第二十条，修改为："作品原件所有权的转移，不改变作品著作权的归属，但美术、摄影作品原件的展览权由原件所有人享有。

"作者将未发表的美术、摄影作品的原件所有权转让给他人，受让人展览该原件不构成对作者发表权的侵犯。"

十四、将第十九条改为第二十一条，将第一款中的"依照继承法的规定转移"修改为"依法转移"。

十五、将第二十一条改为第二十三条，将第二款、第三款修改为："法人或者非法人组织的作品、著作权（署名权除外）由法人或者非法人组织享有的职务作品，其发表权的保护期为五十年，截止于作品创作完成后第五十年的12月31日；本法第十条第一款第五项至第十七项规定的权利的保护期为五十年，截止于作品首次发表后第五十年的12月31日，但作品自创作完成后五十年内未发表的，本法不再保护。

"视听作品，其发表权的保护期为五十年，截止于作品创作完成后第五十年的12月31日；本法第十条第一款第五项至第十七项规定的权利的保护期为五十年，截止于作品首次发表后第五十年的12月31日，但作品自创作完成后五十年内未发表的，本法不再保护。”

十六、将第二十二条改为第二十四条，在第一款中的“姓名”后增加“或者名称”；将“并且不得侵犯著作权人依照本法享有的其他权利”修改为“并且不得影响该作品的正常使用，也不得不合理地损害著作权人的合法权益”。

删去第一款第三项中的“时事”。

将第一款第四项中的“作者”修改为“著作权人”。

在第一款第六项中的“翻译”后增加“改编、汇编、播放”。

在第一款第八项中的“美术馆”后增加“文化馆”。

在第一款第九项中的“也未向表演者支付报酬”后增加“且不以营利为目的”。

删去第一款第十项中的“室外”。

将第一款第十一项中的“汉语言文字”修改为“国家通用语言文字”。

将第一款第十二项修改为：“（十二）以阅读障碍者能够感知的无障碍方式向其提供已经发表的作品”。

第一款增加一项，作为第十三项：“（十三）法律、行政法规规定的其他情形”。

将第二款修改为：“前款规定适用于对与著作权有关的权利的限制。”

十七、将第二十三条改为第二十五条，修改为：“为实施义务教育和国家教育规划而编写出版教科书，可以不经著作权人许可，在教科书中汇编已经发表的作品片段或者短小的文字作品、音乐作品或者单幅的美术作品、摄影作品、图形作品，但应当按照规定向著作权人支付报酬，指明作者姓名或者名称、作品名称，并且不得侵犯著作权人依照本法享有的其他权利。

“前款规定适用于对与著作权有关的权利的限制。”

十八、将第二十六条改为第二十八条，修改为：“以著作权中的财产权出质的，由出质人和质权人依法办理出质登记。”

十九、将第四章章名修改为“与著作权有关的权利”。

二十、将第三十七条改为第三十八条，删去第一款中的“（演员、演出单位）”和第二款。

二十一、将第三十八条改为第三十九条，在第一款第五项中的“发行”后增加“出租”。

二十二、增加一条，作为第四十条：“演员为完成本演出单位的演出任务进行的表演为职务表演，演员享有表明身份和保护表演形象不受歪曲的权利，其他权利归属由当事人约定。当事人没有约定或者约定不明确的，职务表演的权利由演出单位享有。

“职务表演的权利由演员享有的，演出单位可以在其业务范围内免费使用该表演。”

二十三、将第四十二条改为第四十四条，将第二款修改为：“被许可人复制、发行、通过信息网络向公众传播录音录像制品，应当同时取得著作权人、表演者许可，并支付报酬；被许可人出租录音录像制品，还应当取得表演者许可，并支付报酬。”

二十四、增加一条，作为第四十五条：“将录音制品用于有线或者无线公开传播，或者通过传送声音的技术设备向公众公开播送的，应当向录音制作者支付报酬。”

二十五、将第四十三条改为第四十六条，将第二款中的“但应当支付报酬”修改为“但应当按照规定支付报酬”。

二十六、将第四十五条改为第四十七条，修改为：“广播电台、电视台有权禁止未经其许可的下列行为：

“（一）将其播放的广播、电视以有线或者无线方式转播；

“（二）将其播放的广播、电视录制以及复制；

“（三）将其播放的广播、电视通过信息网络向公众传播。

“广播电台、电视台行使前款规定的权利，不得影响、限制或者侵害他人行使著作权或者与著作权有关的权利。

“本条第一款规定的权利的保护期为五十年，截止于该广播、电视首次播放后第五十年的12月31日。”

二十七、将第四十六条改为第四十八条，修改为："电视台播放他人的视听作品、录像制品，应当取得视听作品著作权人或者录像制作者许可，并支付报酬；播放他人的录像制品，还应当取得著作权人许可，并支付报酬。"

二十八、将第五章章名修改为"著作权和与著作权有关的权利的保护"。

二十九、增加一条，作为第四十九条："为保护著作权和与著作权有关的权利，权利人可以采取技术措施。

"未经权利人许可，任何组织或者个人不得故意避开或者破坏技术措施，不得以避开或者破坏技术措施为目的制造、进口或者向公众提供有关装置或者部件，不得故意为他人避开或者破坏技术措施提供技术服务。但是，法律、行政法规规定可以避开的情形除外。

"本法所称的技术措施，是指用于防止、限制未经权利人许可浏览、欣赏作品、表演、录音录像制品或者通过信息网络向公众提供作品、表演、录音录像制品的有效技术、装置或者部件。"

三十、增加一条，作为第五十条："下列情形可以避开技术措施，但不得向他人提供避开技术措施的技术、装置或者部件，不得侵犯权利人依法享有的其他权利：

"（一）为学校课堂教学或者科学研究，提供少量已经发表的作品，供教学或者科研人员使用，而该作品无法通过正常途径获取；

"（二）不以营利为目的，以阅读障碍者能够感知的无障碍方式向其提供已经发表的作品，而该作品无法通过正常途径获取；

"（三）国家机关依照行政、监察、司法程序执行公务；

"（四）对计算机及其系统或者网络的安全性能进行测试；

"（五）进行加密研究或者计算机软件反向工程研究。

"前款规定适用于对与著作权有关的权利的限制。"

三十一、增加一条，作为第五十一条："未经权利人许可，不得进行下列行为：

"（一）故意删除或者改变作品、版式设计、表演、录音录像制品或者广播、电视上的权利管理信息，但由于技术上的原因无法避免的除外；

“（二）知道或者应当知道作品、版式设计、表演、录音录像制品或者广播、电视上的权利管理信息未经许可被删除或者改变，仍然向公众提供。”

三十二、将第四十七条改为第五十二条，将第八项修改为：“（八）未经视听作品、计算机软件、录音录像制品的著作权人、表演者或者录音录像制作者许可，出租其作品或者录音录像制品的原件或者复制件的，本法另有规定的除外”。

将第十一项中的“权益”修改为“权利”。

三十三、将第四十八条改为第五十三条，修改为：“有下列侵权行为的，应当根据情况，承担本法第五十二条规定的民事责任；侵权行为同时损害公共利益的，由主管著作权的部门责令停止侵权行为，予以警告，没收违法所得，没收、无害化销毁处理侵权复制品以及主要用于制作侵权复制品的材料、工具、设备等，违法经营额五万元以上的，可以并处违法经营额一倍以上五倍以下的罚款；没有违法经营额、违法经营额难以计算或者不足五万元的，可以并处二十五万元以下的罚款；构成犯罪的，依法追究刑事责任：

“（一）未经著作权人许可，复制、发行、表演、放映、广播、汇编、通过信息网络向公众传播其作品的，本法另有规定的除外；

“（二）出版他人享有专有出版权的图书的；

“（三）未经表演者许可，复制、发行录有其表演的录音录像制品，或者通过信息网络向公众传播其表演的，本法另有规定的除外；

“（四）未经录音录像制作者许可，复制、发行、通过信息网络向公众传播其制作的录音录像制品的，本法另有规定的除外；

“（五）未经许可，播放、复制或者通过信息网络向公众传播广播、电视的，本法另有规定的除外；

“（六）未经著作权人或者与著作权有关的权利人许可，故意避开或者破坏技术措施的，故意制造、进口或者向他人提供主要用于避开、破坏技术措施的装置或者部件的，或者故意为他人避开或者破坏技术措施提供技术服务的，法律、行政法规另有规定的除外；

“（七）未经著作权人或者与著作权有关的权利人许可，故意删除或者改变作品、版式设计、表演、录音录像制品或者广播、电视上的权利管理信息的，知道或者应当知道作品、版式设计、表演、录音录像制品或者广播、电视上的权利管理信息未经许可被删除或者改变，仍然向公众提供的，法律、行政法规另有规定的除外；

“（八）制作、出售假冒他人署名的作品的。”

三十四、将第四十九条改为第五十四条，修改为：“侵犯著作权或者与著作权有关的权利的，侵权人应当按照权利人因此受到的实际损失或者侵权人的违法所得给予赔偿；权利人的实际损失或者侵权人的违法所得难以计算的，可以参照该权利使用费给予赔偿。对故意侵犯著作权或者与著作权有关的权利，情节严重的，可以在按照上述方法确定数额的一倍以上五倍以下给予赔偿。

“权利人的实际损失、侵权人的违法所得、权利使用费难以计算的，由人民法院根据侵权行为的情节，判决给予五百元以上五百万元以下的赔偿。

“赔偿数额还应当包括权利人为制止侵权行为所支付的合理开支。

“人民法院为确定赔偿数额，在权利人已经尽了必要举证责任，而与侵权行为相关的账簿、资料等主要由侵权人掌握的，可以责令侵权人提供与侵权行为相关的账簿、资料等；侵权人不提供，或者提供虚假的账簿、资料等的，人民法院可以参考权利人的主张和提供的证据确定赔偿数额。

“人民法院审理著作权纠纷案件，应权利人请求，对侵权复制品，除特殊情况外，责令销毁；对主要用于制造侵权复制品的材料、工具、设备等，责令销毁，且不予补偿；或者在特殊情况下，责令禁止前述材料、工具、设备等进入商业渠道，且不予补偿。”

三十五、增加一条，作为第五十五条：“主管著作权的部门对涉嫌侵犯著作权和与著作权有关的权利的行为进行查处时，可以询问有关当事人，调查与涉嫌违法行为有关的情况；对当事人涉嫌违法行为的场所和物品实施现场检查；查阅、复制与涉嫌违法行为有关的合同、发票、账簿以及其他有关资料；对于涉嫌违法行为的场所和物品，可以查封或者扣押。

“主管著作权的部门依法行使前款规定的职权时，当事人应当予以协助、配合，不得拒绝、阻挠。”

三十六、将第五十条改为第五十六条，修改为："著作权人或者与著作权有关的权利人有证据证明他人正在实施或者即将实施侵犯其权利、妨碍其实现权利的行为，如不及时制止将会使其合法权益受到难以弥补的损害的，可以在起诉前依法向人民法院申请采取财产保全、责令作出一定行为或者禁止作出一定行为等措施。"

三十七、将第五十一条改为第五十七条，修改为："为制止侵权行为，在证据可能灭失或者以后难以取得的情况下，著作权人或者与著作权有关的权利人可以在起诉前依法向人民法院申请保全证据。"

三十八、将第五十三条改为第五十九条，增加一款，作为第二款："在诉讼程序中，被诉侵权人主张其不承担侵权责任的，应当提供证据证明已经取得权利人的许可，或者具有本法规定的不经权利人许可而可以使用的情形。"

三十九、增加一条，作为第六十一条："当事人因不履行合同义务或者履行合同义务不符合约定而承担民事责任，以及当事人行使诉讼权利、申请保全等，适用有关法律的规定。"

四十、增加一条，作为第六十五条："摄影作品，其发表权、本法第十条第一款第五项至第十七项规定的权利的保护期在 2021 年 6 月 1 日前已经届满，但依据本法第二十三条第一款的规定仍在保护期内的，不再保护。"

四十一、将第六十条改为第六十六条，删去第二款中的"和政策"。

四十二、删去第三十五条、第四十条第二款、第四十四条、第五十四条、第五十六条。

本决定自 2021 年 6 月 1 日起施行。

《中华人民共和国著作权法》根据本决定作相应修改并对条文顺序作相应调整，重新公布。

司法解释、司法指导性文件与解读

最高人民法院

关于审理侵犯商业秘密民事案件适用法律若干问题的规定

法释〔2020〕7 号

（2020 年 8 月 24 日最高人民法院审判委员会第 1810 次会议通过
2020 年 9 月 10 日最高人民法院公告公布　自 2020 年 9 月 12 日起施行）

为正确审理侵犯商业秘密民事案件，根据《中华人民共和国反不正当竞争法》《中华人民共和国民事诉讼法》等有关法律规定，结合审判实际，制定本规定。

第一条　与技术有关的结构、原料、组分、配方、材料、样品、样式、植物新品种繁殖材料、工艺、方法或其步骤、算法、数据、计算机程序及其有关文档等信息，人民法院可以认定构成反不正当竞争法第九条第四款所称的技术信息。

与经营活动有关的创意、管理、销售、财务、计划、样本、招投标材料、客户信息、数据等信息，人民法院可以认定构成反不正当竞争法第九条第四款所称的经营信息。

前款所称的客户信息，包括客户的名称、地址、联系方式以及交易习惯、意向、内容等信息。

第二条 当事人仅以与特定客户保持长期稳定交易关系为由，主张该特定客户属于商业秘密的，人民法院不予支持。

客户基于对员工个人的信赖而与该员工所在单位进行交易，该员工离职后，能够证明客户自愿选择与该员工或者该员工所在的新单位进行交易的，人民法院应当认定该员工没有采用不正当手段获取权利人的商业秘密。

第三条 权利人请求保护的信息在被诉侵权行为发生时不为所属领域的相关人员普遍知悉和容易获得的，人民法院应当认定为反不正当竞争法第九条第四款所称的不为公众所知悉。

第四条 具有下列情形之一的，人民法院可以认定有关信息为公众所知悉：

（一）该信息在所属领域属于一般常识或者行业惯例的；

（二）该信息仅涉及产品的尺寸、结构、材料、部件的简单组合等内容，所属领域的相关人员通过观察上市产品即可直接获得的；

（三）该信息已经在公开出版物或者其他媒体上公开披露的；

（四）该信息已通过公开的报告会、展览等方式公开的；

（五）所属领域的相关人员从其他公开渠道可以获得该信息的。

将为公众所知悉的信息进行整理、改进、加工后形成的新信息，符合本规定第三条规定的，应当认定该新信息不为公众所知悉。

第五条 权利人为防止商业秘密泄露，在被诉侵权行为发生以前所采取的合理保密措施，人民法院应当认定为反不正当竞争法第九条第四款所称的相应保密措施。

人民法院应当根据商业秘密及其载体的性质、商业秘密的商业价值、保密措施的可识别程度、保密措施与商业秘密的对应程度以及权利人的保密意愿等因素，认定权利人是否采取了相应保密措施。

第六条 具有下列情形之一，在正常情况下足以防止商业秘密泄露的，人民法院应当认定权利人采取了相应保密措施：

（一）签订保密协议或者在合同中约定保密义务的；

（二）通过章程、培训、规章制度、书面告知等方式，对能够接触、获取商业秘密的员工、前员工、供应商、客户、来访者等提出保密要求的；

（三）对涉密的厂房、车间等生产经营场所限制来访者或者进行区分管理的；

（四）以标记、分类、隔离、加密、封存、限制能够接触或者获取的人员范围等方式，对商业秘密及其载体进行区分和管理的；

（五）对能够接触、获取商业秘密的计算机设备、电子设备、网络设备、存储设备、软件等，采取禁止或者限制使用、访问、存储、复制等措施的；

（六）要求离职员工登记、返还、清除、销毁其接触或者获取的商业秘密及其载体，继续承担保密义务的；

（七）采取其他合理保密措施的。

第七条 权利人请求保护的信息因不为公众所知悉而具有现实的或者潜在的商业价值的，人民法院经审查可以认定为反不正当竞争法第九条第四款所称的具有商业价值。

生产经营活动中形成的阶段性成果符合前款规定的，人民法院经审查可以认定该成果具有商业价值。

第八条 被诉侵权人以违反法律规定或者公认的商业道德的方式获取权利人的商业秘密的，人民法院应当认定属于反不正当竞争法第九条第一款所称的以其他不正当手段获取权利人的商业秘密。

第九条 被诉侵权人在生产经营活动中直接使用商业秘密，或者对商业秘密进行修改、改进后使用，或者根据商业秘密调整、优化、改进有关生产经营活动的，人民法院应当认定属于反不正当竞争法第九条所称的使用商业秘密。

第十条 当事人根据法律规定或者合同约定所承担的保密义务，人民法院应当认定属于反不正当竞争法第九条第一款所称的保密义务。

当事人未在合同中约定保密义务，但根据诚信原则以及合同的性质、目的、缔约过程、交易习惯等，被诉侵权人知道或者应当知道其获取的信息属于权利人的商业秘密的，人民法院应当认定被诉侵权人对其获取的商业秘密承担保密义务。

第十一条 法人、非法人组织的经营、管理人员以及具有劳动关系的其他人员，人民法院可以认定为反不正当竞争法第九条第三款所称的员工、前员工。

第十二条 人民法院认定员工、前员工是否有渠道或者机会获取权利人的商业秘密，可以考虑与其有关的下列因素：

（一）职务、职责、权限；

（二）承担的本职工作或者单位分配的任务；

（三）参与和商业秘密有关的生产经营活动的具体情形；

（四）是否保管、使用、存储、复制、控制或者以其他方式接触、获取商业秘密及其载体；

（五）需要考虑的其他因素。

第十三条 被诉侵权信息与商业秘密不存在实质性区别的，人民法院可以认定被诉侵权信息与商业秘密构成反不正当竞争法第三十二条第二款所称的实质上相同。

人民法院认定是否构成前款所称的实质上相同，可以考虑下列因素：

（一）被诉侵权信息与商业秘密的异同程度；

（二）所属领域的相关人员在被诉侵权行为发生时是否容易想到被诉侵权信息与商业秘密的区别；

（三）被诉侵权信息与商业秘密的用途、使用方式、目的、效果等是否具有实质性差异；

（四）公有领域中与商业秘密相关信息的情况；

（五）需要考虑的其他因素。

第十四条 通过自行开发研制或者反向工程获得被诉侵权信息的，人民法院应当认定不属于反不正当竞争法第九条规定的侵犯商业秘密行为。

前款所称的反向工程，是指通过技术手段对从公开渠道取得的产品进行拆卸、测绘、分析等而获得该产品的有关技术信息。

被诉侵权人以不正当手段获取权利人的商业秘密后，又以反向工程为由主张未侵犯商业秘密的，人民法院不予支持。

第十五条 被申请人试图或者已经以不正当手段获取、披露、使用或者允许他人使用权利人所主张的商业秘密，不采取行为保全措施会使判决难以执行或者造成当事人其他损害，或者将会使权利人的合法权益受到难以弥补的损害的，人民法院可以依法裁定采取行为保全措施。

前款规定的情形属于民事诉讼法第一百条、第一百零一条所称情况紧急的，人民法院应当在四十八小时内作出裁定。

第十六条 经营者以外的其他自然人、法人和非法人组织侵犯商业秘密，权利人依据反不正当竞争法第十七条的规定主张侵权人应当承担的民事责任的，人民法院应予支持。

第十七条 人民法院对于侵犯商业秘密行为判决停止侵害的民事责任时，停止侵害的时间一般应当持续到该商业秘密已为公众所知悉时为止。

依照前款规定判决停止侵害的时间明显不合理的，人民法院可以在依法保护权利人的商业秘密竞争优势的情况下，判决侵权人在一定期限或者范围内停止使用该商业秘密。

第十八条 权利人请求判决侵权人返还或者销毁商业秘密载体，清除其控制的商业秘密信息的，人民法院一般应予支持。

第十九条 因侵权行为导致商业秘密为公众所知悉的，人民法院依法确定赔偿数额时，可以考虑商业秘密的商业价值。

人民法院认定前款所称的商业价值，应当考虑研究开发成本、实施该项商业秘密的收益、可得利益、可保持竞争优势的时间等因素。

第二十条 权利人请求参照商业秘密许可使用费确定因被侵权所受到的实际损失的，人民法院可以根据许可的性质、内容、实际履行情况以及侵权行为的性质、情节、后果等因素确定。

人民法院依照反不正当竞争法第十七条第四款确定赔偿数额的，可以考虑商业秘密的性质、商业价值、研究开发成本、创新程度、能带来的竞争优势以及侵权人的主观过错、侵权行为的性质、情节、后果等因素。

第二十一条 对于涉及当事人或者案外人的商业秘密的证据、材料，当事人或者案外人书面申请人民法院采取保密措施的，人民法院应当在保全、证据交换、质证、委托鉴定、询问、庭审等诉讼活动中采取必要的保密措施。

违反前款所称的保密措施的要求，擅自披露商业秘密或者在诉讼活动之外使用或者允许他人使用在诉讼中接触、获取的商业秘密的，应当依法承担民事责任。构成民事诉讼法第一百一十一条规定情形的，人民法院可以依法采取强制措施。构成犯罪的，依法追究刑事责任。

第二十二条 人民法院审理侵犯商业秘密民事案件时，对在侵犯商业秘密犯罪刑事诉讼程序中形成的证据，应当按照法定程序，全面、客观地审查。

由公安机关、检察机关或者人民法院保存的与被诉侵权行为具有关联性的证据，侵犯商业秘密民事案件的当事人及其诉讼代理人因客观原因不能自行收集，申请调查收集的，人民法院应当准许，但可能影响正在进行的刑事诉讼程序的除外。

第二十三条 当事人主张依据生效刑事裁判认定的实际损失或者违法所得确定涉及同一侵犯商业秘密行为的民事案件赔偿数额的，人民法院应予支持。

第二十四条 权利人已经提供侵权人因侵权所获得的利益的初步证据，但与侵犯商业秘密行为相关的账簿、资料由侵权人掌握的，人民法院可以根据权利人的申请，责令侵权人提供该账簿、资料。侵权人无正当理由拒不提供或者不如实提供的，人民法院可以根据权利人的主张和提供的证据认定侵权人因侵权所获得的利益。

第二十五条 当事人以涉及同一被诉侵犯商业秘密行为的刑事案件尚未审结为由，请求中止审理侵犯商业秘密民事案件，人民法院在听取当事人意见后认为必须以该刑事案件的审理结果为依据的，应予支持。

第二十六条 对于侵犯商业秘密行为，商业秘密独占使用许可合同的被许可人提起诉讼的，人民法院应当依法受理。

排他使用许可合同的被许可人和权利人共同提起诉讼，或者在权利人不起诉的情况下自行提起诉讼的，人民法院应当依法受理。

普通使用许可合同的被许可人和权利人共同提起诉讼，或者经权利人书面授权单独提起诉讼的，人民法院应当依法受理。

第二十七条 权利人应当在一审法庭辩论结束前明确所主张的商业秘密具体内容。仅能明确部分的，人民法院对该明确的部分进行审理。

权利人在第二审程序中另行主张其在一审中未明确的商业秘密具体内容的，第二审人民法院可以根据当事人自愿的原则就与该商业秘密具体内容有关的诉讼请求进行调解；调解不成的，告知当事人另行起诉。双方当事人均同意由第二审人民法院一并审理的，第二审人民法院可以一并裁判。

第二十八条 人民法院审理侵犯商业秘密民事案件，适用被诉侵权行为发生时的法律。被诉侵权行为在法律修改之前已经发生且持续到法律修改之后的，适用修改后的法律。

第二十九条 本规定自2020年9月12日起施行。最高人民法院以前发布的相关司法解释与本规定不一致的，以本规定为准。

本规定施行后，人民法院正在审理的一审、二审案件适用本规定；施行前已经作出生效裁判的案件，不适用本规定再审。

最高人民法院
关于知识产权民事诉讼证据的若干规定

法释〔2020〕12号

（2020年11月9日最高人民法院审判委员会第1815次会议通过
2020年11月16日最高人民法院公告公布
自2020年11月18日起施行）

为保障和便利当事人依法行使诉讼权利，保证人民法院公正、及时审理知识产权民事案件，根据《中华人民共和国民事诉讼法》等有关法律规定，结合知识产权民事审判实际，制定本规定。

第一条 知识产权民事诉讼当事人应当遵循诚信原则，依照法律及司法解释的规定，积极、全面、正确、诚实地提供证据。

第二条 当事人对自己提出的主张，应当提供证据加以证明。根据案件审理情况，人民法院可以适用民事诉讼法第六十五条第二款的规定，根据当事人的主张及待证事实、当事人的证据持有情况、举证能力等，要求当事人提供有关证据。

第三条 专利方法制造的产品不属于新产品的，侵害专利权纠纷的原告应当举证证明下列事实：

（一）被告制造的产品与使用专利方法制造的产品属于相同产品；

（二）被告制造的产品经由专利方法制造的可能性较大；

（三）原告为证明被告使用了专利方法尽到合理努力。

原告完成前款举证后，人民法院可以要求被告举证证明其产品制造方法不同于专利方法。

第四条 被告依法主张合法来源抗辩的，应当举证证明合法取得被诉侵权产品、复制品的事实，包括合法的购货渠道、合理的价格和直接的供货方等。

被告提供的被诉侵权产品、复制品来源证据与其合理注意义务程度相当的，可以认定其完成前款所称举证，并推定其不知道被诉侵权产品、复制品侵害知识产权。被告的经营规模、专业程度、市场交易习惯等，可以作为确定其合理注意义务的证据。

第五条 提起确认不侵害知识产权之诉的原告应当举证证明下列事实：

（一）被告向原告发出侵权警告或者对原告进行侵权投诉；

（二）原告向被告发出诉权行使催告及催告时间、送达时间；

（三）被告未在合理期限内提起诉讼。

第六条 对于未在法定期限内提起行政诉讼的行政行为所认定的基本事实，或者行政行为认定的基本事实已为生效裁判所确认的部分，当事人在知识产权民事诉讼中无须再证明，但有相反证据足以推翻的除外。

第七条 权利人为发现或者证明知识产权侵权行为，自行或者委托他人以普通购买者的名义向被诉侵权人购买侵权物品所取得的实物、票据等可以作为起诉被诉侵权人侵权的证据。

被诉侵权人基于他人行为而实施侵害知识产权行为所形成的证据，可以作为权利人起诉其侵权的证据，但被诉侵权人仅基于权利人的取证行为而实施侵害知识产权行为的除外。

第八条 中华人民共和国领域外形成的下列证据，当事人仅以该证据未办理公证、认证等证明手续为由提出异议的，人民法院不予支持：

（一）已为发生法律效力的人民法院裁判所确认的；

（二）已为仲裁机构生效裁决所确认的；

（三）能够从官方或者公开渠道获得的公开出版物、专利文献等；

（四）有其他证据能够证明真实性的。

第九条 中华人民共和国领域外形成的证据，存在下列情形之一的，当事人仅以该证据未办理认证手续为由提出异议的，人民法院不予支持：

（一）提出异议的当事人对证据的真实性明确认可的；

（二）对方当事人提供证人证言对证据的真实性予以确认，且证人明确表示如作伪证愿意接受处罚的。

前款第二项所称证人作伪证，构成民事诉讼法第一百一十一条规定情形的，人民法院依法处理。

第十条 在一审程序中已经根据民事诉讼法第五十九条、第二百六十四条的规定办理授权委托书公证、认证或者其他证明手续的，在后续诉讼程序中，人民法院可以不再要求办理该授权委托书的上述证明手续。

第十一条 人民法院对于当事人或者利害关系人的证据保全申请，应当结合下列因素进行审查：

（一）申请人是否已就其主张提供初步证据；

（二）证据是否可以由申请人自行收集；

（三）证据灭失或者以后难以取得的可能性及其对证明待证事实的影响；

（四）可能采取的保全措施对证据持有人的影响。

第十二条 人民法院进行证据保全，应当以有效固定证据为限，尽量减少对保全标的物价值的损害和对证据持有人正常生产经营的影响。

证据保全涉及技术方案的，可以采取制作现场勘验笔录、绘图、拍照、录音、录像、复制设计和生产图纸等保全措施。

第十三条 当事人无正当理由拒不配合或者妨害证据保全，致使无法保全证据的，人民法院可以确定由其承担不利后果。构成民事诉讼法第一百一十一条规定情形的，人民法院依法处理。

第十四条 对于人民法院已经采取保全措施的证据，当事人擅自拆装证据实物、篡改证据材料或者实施其他破坏证据的行为，致使证据不能使用的，人民法院可以确定由其承担不利后果。构成民事诉讼法第一百一十一条规定情形的，人民法院依法处理。

第十五条 人民法院进行证据保全，可以要求当事人或者诉讼代理人到场，必要时可以根据当事人的申请通知有专门知识的人到场，也可以指派技术调查官参与证据保全。

证据为案外人持有的，人民法院可以对其持有的证据采取保全措施。

第十六条 人民法院进行证据保全，应当制作笔录、保全证据清单，记录保全时间、地点、实施人、在场人、保全经过、保全标的物状态，由实施人、在场人签名或者盖章。有关人员拒绝签名或者盖章的，不影响保全的效力，人民法院可以在笔录上记明并拍照、录像。

第十七条 被申请人对证据保全的范围、措施、必要性等提出异议并提供相关证据，人民法院经审查认为异议理由成立的，可以变更、终止、解除证据保全。

第十八条 申请人放弃使用被保全证据，但被保全证据涉及案件基本事实查明或者其他当事人主张使用的，人民法院可以对该证据进行审查认定。

第十九条 人民法院可以对下列待证事实的专门性问题委托鉴定：

（一）被诉侵权技术方案与专利技术方案、现有技术的对应技术特征在手段、功能、效果等方面的异同；

（二）被诉侵权作品与主张权利的作品的异同；

（三）当事人主张的商业秘密与所属领域已为公众所知悉的信息的异同、被诉侵权的信息与商业秘密的异同；

（四）被诉侵权物与授权品种在特征、特性方面的异同，其不同是否因非遗传变异所致；

（五）被诉侵权集成电路布图设计与请求保护的集成电路布图设计的异同；

（六）合同涉及的技术是否存在缺陷；

（七）电子数据的真实性、完整性；

（八）其他需要委托鉴定的专门性问题。

第二十条 经人民法院准许或者双方当事人同意，鉴定人可以将鉴定所涉部分检测事项委托其他检测机构进行检测，鉴定人对根据检测结果出具的鉴定意见承担法律责任。

第二十一条 鉴定业务领域未实行鉴定人和鉴定机构统一登记管理制度的，人民法院可以依照《最高人民法院关于民事诉讼证据的若干规定》第三十二条规定的鉴定人选任程序，确定具有相应技术水平的专业机构、专业人员鉴定。

第二十二条 人民法院应当听取各方当事人意见，并结合当事人提出的证据确定鉴定范围。鉴定过程中，一方当事人申请变更鉴定范围，对方当事人无异议的，人民法院可以准许。

第二十三条 人民法院应当结合下列因素对鉴定意见进行审查：

（一）鉴定人是否具备相应资格；

（二）鉴定人是否具备解决相关专门性问题应有的知识、经验及技能；

（三）鉴定方法和鉴定程序是否规范，技术手段是否可靠；

（四）送检材料是否经过当事人质证且符合鉴定条件；

（五）鉴定意见的依据是否充分；

（六）鉴定人有无应当回避的法定事由；

（七）鉴定人在鉴定过程中有无徇私舞弊或者其他影响公正鉴定的情形。

第二十四条 承担举证责任的当事人书面申请人民法院责令控制证据的对方当事人提交证据，申请理由成立的，人民法院应当作出裁定，责令其提交。

第二十五条 人民法院依法要求当事人提交有关证据，其无正当理由拒不提交、提交虚假证据、毁灭证据或者实施其他致使证据不能使用行为的，人民法院可以推定对方当事人就该证据所涉证明事项的主张成立。

当事人实施前款所列行为，构成民事诉讼法第一百一十一条规定情形的，人民法院依法处理。

第二十六条 证据涉及商业秘密或者其他需要保密的商业信息的，人民法院应当在相关诉讼参与人接触该证据前，要求其签订保密协议、作出保密承诺，或者以裁定等法律文书责令其不得出于本案诉讼之外的任何目的披露、使用、允许他人使用在诉讼程序中接触到的秘密信息。

当事人申请对接触前款所称证据的人员范围作出限制，人民法院经审查认为确有必要的，应当准许。

第二十七条 证人应当出庭作证，接受审判人员及当事人的询问。

双方当事人同意并经人民法院准许，证人不出庭的，人民法院应当组织当事人对该证人证言进行质证。

第二十八条 当事人可以申请有专门知识的人出庭，就专业问题提出意见。经法庭准许，当事人可以对有专门知识的人进行询问。

第二十九条 人民法院指派技术调查官参与庭前会议、开庭审理的，技术调查官可以就案件所涉技术问题询问当事人、诉讼代理人、有专门知识的人、证人、鉴定人、勘验人等。

第三十条 当事人对公证文书提出异议，并提供相反证据足以推翻的，人民法院对该公证文书不予采纳。

当事人对公证文书提出异议的理由成立的，人民法院可以要求公证机构出具说明或者补正，并结合其他相关证据对该公证文书进行审核认定。

第三十一条 当事人提供的财务账簿、会计凭证、销售合同、进出货单据、上市公司年报、招股说明书、网站或者宣传册等有关记载，设备系统存储的交易数据，第三方平台统计的商品流通数据，评估报告，知识产权许可使用合同以及市场监管、税务、金融部门的记录等，可以作为证据，用以证明当事人主张的侵害知识产权赔偿数额。

第三十二条 当事人主张参照知识产权许可使用费的合理倍数确定赔偿数额的，人民法院可以考量下列因素对许可使用费证据进行审核认定：

（一）许可使用费是否实际支付及支付方式，许可使用合同是否实际履行或者备案；

（二）许可使用的权利内容、方式、范围、期限；

（三）被许可人与许可人是否存在利害关系；

（四）行业许可的通常标准。

第三十三条 本规定自2020年11月18日起施行。本院以前发布的相关司法解释与本规定不一致的，以本规定为准。

解读——

《最高人民法院关于知识产权民事诉讼证据的若干规定》

最高人民法院民三庭负责人

2020年11月9日，最高人民法院审判委员会第1815次会议审议通过了《最高人民法院关于知识产权民事诉讼证据的若干规定》（以下简称《知产证据规定》）。该司法解释于2020年11月18日施行。

一、制定《知产证据规定》的背景情况和主要内容

知识产权保护是激励创新的基本手段，是创新原动力的基本保障。加强知识产权司法保护，是贯彻落实新发展理念，服务高质量发展，构建新发展格局的必然要求，也是提高我国经济竞争力，实现创新驱动发展的重要保障。2018年2月，中共中央办公厅、国务院办公厅印发《关于加强知识产权审判领域改革创新若干问题的意见》，要求“建立符合知识产权案件特点的诉讼证据规则”。2019年11月，中共中央办公厅、国务院办公厅印发《关于强化知识产

权保护的意见》，要求“制定知识产权民事诉讼证据规则司法解释”。为贯彻落实党中央决策部署，切实解决知识产权权利人诉讼“举证难”、维权成本高等问题，最高人民法院民三庭根据民事诉讼法等有关法律规定，结合知识产权民事案件审判实际，牵头起草《知产证据规定》。

《知产证据规定》共33条，着力解决知识产权民事诉讼中与证据有关的突出问题，对于民事诉讼法及民事诉讼法司法解释、民事诉讼证据司法解释已有明确规定的内容，不作重复。《知产证据规定》的制定，遵循民事诉讼证据基本规则，立足知识产权审判实际，以诉讼诚信为指引，以妨害民事诉讼强制措施为保障，进一步完善了证据提交、证明妨碍、证据保全和司法鉴定等重要制度，适当减轻权利人举证负担，推动构建激励、引导当事人积极、主动举证的知识产权民事诉讼制度。

二、关于解决知识产权民事诉讼中的权利人“举证难”问题的规定

知识产权保护的客体具有无形性的特点，侵权行为较为隐蔽，与侵权行为有关的证据往往由侵权人掌握，权利人难以直接获得。《知产证据规定》坚持问题导向，紧密结合知识产权民事诉讼特点和实际，重点聚焦知识产权权利人“举证难”，通过一系列“组合拳”式的法律规则设计，依法减轻权利人举证负担，加大知识产权司法保护力度。以下重点介绍四个方面情况。

首先，《知产证据规定》第一条对诚信原则予以明确。诚信原则是贯穿知识产权民事诉讼全过程的基本原则，要求当事人依法行使诉讼权利、履行诉讼义务，严格遵守诉讼秩序，自觉履行生效裁判。《知产证据规定》第一条开宗明义，通过弘扬诉讼诚信，引导当事人依照法律及司法解释的规定，在知识产权民事诉讼中积极、全面、正确、诚实地提供证据，推动知识产权诉讼诚信体系建设。

其次，在坚持“谁主张，谁举证”的基础上，《知产证据规定》第二条对民事诉讼法第六十五条规定的人民法院“确定当事人应当提供的证据及其期限”，作了进一步细化和明确。第二条规定，人民法院可以根据当事人的主张及待证事实、当事人的证据持有情况、举证能力等，要求当事人提供有关证据。旨在进一步明确掌握证据一方当事人的举证义务，督促各方当事人积极举

证，确保人民法院能够准确查明案件事实。

再次，除书证外，物证、电子数据、视听资料等其他类型证据在知识产权民事诉讼中也十分常见，有时还是关键证据。故在民事诉讼法司法解释第一百一十二条规定的“书证提供制度”的基础上，《知产证据规定》第二十四条进一步明确了人民法院有权以裁定等法律文书责令对方当事人提交其控制的证据，既包括书证，也包括其他类型的证据。

第四，为保障相关规定的实施，《知产证据规定》第二十五条对证明妨碍作出专门规定。人民法院依法要求当事人提交有关证据，其无正当理由拒不提交、提交虚假证据、毁灭证据或者实施其他致使证据不能使用行为的，人民法院可以推定对方当事人就该证据所涉证明事项的主张成立；当事人的证明妨碍行为构成民事诉讼法第一百一十一条规定的妨害民事诉讼情形的，人民法院依法处理。

三、关于证据保全的规定

知识产权民事审判实践中，证据保全是十分重要的获取证据方式之一。《知产证据规定》在民事诉讼法及民事诉讼法司法解释、民事诉讼证据司法解释的基础上，结合知识产权民事案件的特点，对证据保全申请的审查、保全措施、妨害证据保全的后果、破坏已经保全证据的法律责任、证据保全参与人、证据保全笔录制作、被申请人提出异议等，均作出了相应规定，以进一步规范证据保全程序，增强指导性和操作性。关于证据保全，重点介绍三个方面情况。

第一，司法实践中，当事人拒不配合甚至妨害人民法院证据保全的现象时有发生。为督促当事人依法履行诉讼义务，保障证据保全顺利实施，维护司法权威，《知产证据规定》第十三条、第十四条明确，当事人无正当理由拒不配合或者妨害证据保全，致使无法保全证据，或者破坏已经采取保全措施的证据，致使证据不能使用的，人民法院可以确定由其承担不利后果。相关行为构成民事诉讼法第一百一十一条规定的“伪造、毁灭重要证据”“拒不履行人民法院已经发生法律效力的判决、裁定”等情形的，人民法院可以依法采取妨害民事诉讼的强制措施。

第二，为平衡证据保全申请人与被申请人的利益，《知产证据规定》第十二条规定，证据保全应当以有效固定证据为限，尽量减少对保全标的物价值的损害和对证据持有人正常生产经营的影响。

第三，为准确查明案件事实，防止申请人滥用证据保全制度，第十八条规定了申请人放弃使用被保全证据，但被保全证据涉及案件基本事实查明或者其他当事人主张使用的，人民法院可以对该证据依法审查认定。

四、关于司法鉴定的规定

知识产权案件常常涉及复杂的技术问题，为保障准确查明案件事实，目前已经建立了比较成熟的技术事实查明机制，司法鉴定是其中的重要组成部分。关于司法鉴定，《知产证据规定》主要作出了以下几个方面的规定。

首先，《知产证据规定》第十九条明确规定，人民法院委托鉴定事项应限于“待证事实的专门性问题”，而涉及法律适用的问题，例如是否构成专利等同侵权，以及在著作权侵权民事案件中认定是否属于实质性相似等，不属于委托鉴定的事项。

其次，司法实践中，如果鉴定事项涉及复杂或者新兴的技术问题，可能需要更为专业的检测仪器、设备。《知产证据规定》第二十条规定，经人民法院准许或者双方当事人同意，鉴定人可以将鉴定所涉部分检测事项委托其他检测机构进行检测，例如具有相应技术条件的科研院所、实验室、高校等，再由鉴定人对根据检测结果出具的鉴定意见承担法律责任。

此外，如果委托鉴定事项涉及的专业领域较为特殊，或者属于前沿科技领域，可能出现该领域尚未实行“鉴定人和鉴定机构统一登记管理制度”、但又需要通过委托鉴定查明案件事实的情形。对此，《知产证据规定》第二十一条规定可以依照民事诉讼证据司法解释中有关鉴定人选任程序的规定，确定具有相应技术水平的专业机构、专业人员鉴定，以更好地解决技术事实查明问题。

五、关于涉及商业秘密或者其他需要保密的商业信息的证据保密措施的规定

人民法院高度重视诉讼中的商业秘密保护问题，既要维护诉讼程序的正当

性，又不能给当事人利用诉讼程序非法获取对方当事人商业秘密的机会。《知产证据规定》在总结司法实践经验的基础上，对人民法院可以采取的保密措施、限制接触相关证据的主体等予以明确。第二十六条规定，证据涉及商业秘密或者其他需要保密的商业信息的，人民法院应当在相关诉讼参与人接触该证据前，要求其签订保密协议、作出保密承诺，或者以裁定等法律文书责令其不得出于本案诉讼之外的任何目的披露、使用、允许他人使用在诉讼程序中接触到的秘密信息。当事人申请对接触证据的人员范围作出限制，人民法院经审查认为确有必要的，应当准许。

由人民法院作出"裁定等法律文书"，责令相关诉讼参与人承担保密责任，具有更强的约束性和强制力。相关诉讼参与人违反裁定规定的保密义务，构成民事诉讼法第一百一十一条规定的"拒不履行人民法院已经发生法律效力的判决、裁定"情形的，人民法院依法处理。

最高人民法院
关于发布第25批指导性案例的通知

2020年10月9日　　　　　　　　　　　　法〔2020〕253号

各省、自治区、直辖市高级人民法院，解放军军事法院，新疆维吾尔自治区高级人民法院生产建设兵团分院：

经最高人民法院审判委员会讨论决定，现将李秋月等诉广州市花都区梯面镇红山村村民委员会违反安全保障义务责任纠纷案等四个案例（指导案例140－143号），作为第25批指导性案例发布，供在审判类似案件时参照。

指导案例140号

李秋月等诉广州市花都区梯面镇红山村村民委员会违反安全保障义务责任纠纷案

（最高人民法院审判委员会讨论通过　2020年10月9日发布）

关键词　民事　安全保障义务　公共场所　损害赔偿

裁判要点

公共场所经营管理者的安全保障义务，应限于合理限度范围内，与其管理和控制能力相适应。完全民事行为能力人因私自攀爬景区内果树采摘果实而不慎跌落致其自身损害，主张经营管理者承担赔偿责任的，人民法院不予支持。

相关法条

《中华人民共和国侵权责任法》第三十七条第一款

基本案情

红山村景区为国家AAA级旅游景区，不设门票。广东省广州市花都区梯面镇红山村村民委员会（以下简称红山村村民委员会）系景区内情人堤河道旁杨梅树的所有人，其未向村民或游客提供免费采摘杨梅的活动。2017年5月19日下午，吴某私自上树采摘杨梅不慎从树上跌落受伤。随后，有村民将吴某送红山村医务室，但当时医务室没有人员。有村民拨打120电话，但120救护车迟迟未到。后红山村村民李某1自行开车送吴某到广州市花都区梯面镇医院治疗。吴某于当天转至广州市中西医结合医院治疗，后因抢救无效于当天死亡。

红山村曾于2014年1月26日召开会议表决通过《红山村村规民约》，该村规民约第二条规定：每位村民要自觉维护村集体的各项财产利益，每个村民要督促自己的子女自觉维护村内的各项公共设施和绿化树木，如有村民故意破坏或损坏公共设施，要负责赔偿一切费用。

吴某系红山村村民，于1957年出生。李记坤系吴某的配偶，李秋月、李月如、李天托系吴某的子女。李秋月、李月如、李天托、李记坤向法院起诉，主张红山村村民委员会未尽到安全保障义务，在本案事故发生后，被告未采取及时和必要的救助措施，应对吴某的死亡承担责任。请求判令被告承担70%的人身损害赔偿责任631346.31元。

裁判结果

广东省广州市花都区人民法院于2017年12月22日作出（2017）粤0114民初6921号民事判决：一、被告广州市花都区梯面镇红山村村民委员会向原告李秋月、李月如、李天托、李记坤赔偿45096.17元，于本判决发生法律效力之日起十日内付清；二、驳回原告李秋月、李月如、李天托、李记坤的其他诉讼请求。宣判后，李秋月、李月如、李天托、李记坤与广州市花都区梯面镇红山村村民委员会均提出上诉。广东省广州市中级人民法院于2018年4月16日作出（2018）粤01民终4942号民事判决：驳回上诉，维持原判。二审判决生效后，广东省广州市中级人民法院于2019年11月14日作出（2019）粤01民监4号民事裁定，再审本案。广东省广州市中级人民法院于2020年1月20日作出（2019）粤01民再273号民事判决：一、撤销本院（2018）粤01民终4942号民事判决及广东省广州市花都区人民法院（2017）粤0114民初6921号民事判决；二、驳回李秋月、李月如、李天托、李记坤的诉讼请求。

裁判理由

法院生效裁判认为：本案的争议焦点是红山村村民委员会是否应对吴某的损害后果承担赔偿责任。

首先，红山村村民委员会没有违反安全保障义务。红山村村民委员会作为红山村景区的管理人，虽负有保障游客免遭损害的安全保障义务，但安全保障义务内容的确定应限于景区管理人的管理和控制能力的合理范围之内。红山村景区属于开放式景区，未向村民或游客提供采摘杨梅的活动，杨梅树本身并无安全隐患，若要求红山村村民委员会对景区内的所有树木加以围蔽、设置警示标志或采取其他防护措施，显然超过善良管理人的注意标准。从爱护公物、文明出行的角度而言，村民或游客均不应私自爬树采摘杨梅。吴某作为具有完全民事行为能力的成年人，应当充分预见攀爬杨梅树采摘杨梅的危险性，并自觉规避此类危险行为。故李秋月、李月如、李天托、李记坤主张红山村村民委员会未尽安全保障义务，缺乏事实依据。

其次，吴某的坠亡系其私自爬树采摘杨梅所致，与红山村村民委员会不具有法律上的因果关系。《红山村村规民约》规定：村民要自觉维护村集体的各项财产利益，包括公共设施和绿化树木等。该村规民约是红山村村民的行为准则和道德规范，形成红山村的公序良俗。吴某作为红山村村民，私自爬树采摘杨梅，违反了村规民约和公序良俗，导致了损害后果的发生，该损害后果与红山村村民委员会不具有法律上的因果关系。

最后，红山村村民委员会对吴某私自爬树坠亡的后果不存在过错。吴某坠亡系其自身过失行为所致，红山村村民委员会难以预见和防止吴某私自爬树可能产生的后果。吴某跌落受伤后，红山村村民委员会主任李某2及时拨打120电话求救，在救护车到达前，另有村民驾车将吴某送往医院救治。因此，红山村村民委员会对吴某损害后果的发生不存在过错。

综上所述，吴某因私自爬树采摘杨梅不慎坠亡，后果令人痛惜。虽然红山村为事件的发生地，杨梅树为红山村村民委员会集体所有，但吴某的私自采摘行为有违村规民约，与公序良俗相悖，且红山村村民委员会并未违反安全保障义务，不应承担赔偿责任。

（生效裁判审判人员：龚连娣、张一扬、兰永军）

指导案例141号

支某1等诉北京市永定河管理处生命权、健康权、身体权纠纷案

（最高人民法院审判委员会讨论通过　2020年10月9日发布）

关键词　民事　生命权纠纷　公共场所　安全保障义务

裁判要点

消力池属于禁止公众进入的水利工程设施，不属于侵权责任法第三十七条第一款规定的“公共场所”。消力池的管理人和所有人采取了合理的安全提示和防护措施，完全民事行为能力人擅自进入造成自身损害，请求管理人和所有人承担赔偿责任的，人民法院不予支持。

相关法条

《中华人民共和国侵权责任法》第三十七条第一款

基本案情

2017 年 1 月 16 日，北京市公安局丰台分局卢沟桥派出所接李某某 110 报警，称支某 3 外出遛狗未归，怀疑支某 3 掉在冰里了。接警后该所民警赶到现场开展查找工作，于当晚在永定河拦河闸自西向东第二闸门前消力池内发现一男子死亡，经家属确认为支某 3。发现死者时永定河拦河闸南侧消力池内池水表面结冰，冰面高度与消力池池壁边缘基本持平，消力池外河道无水。北京市公安局丰台分局于 2017 年 1 月 20 日出具关于支某 3 死亡的调查结论（丰公治亡查字〔2017〕第 021 号），主要内容为：经过（现场勘察、法医鉴定、走访群众等）工作，根据所获证据，得出如下结论：一、该人系符合溺亡死亡；二、该人死亡不属于刑事案件。支某 3 家属对死因无异议。支某 3 遗体被发现的地点为永定河拦河闸下游方向闸西侧消力池，消力池系卢沟桥分洪枢纽水利工程（拦河闸）的组成部分。永定河卢沟桥分洪枢纽工程的日常管理、维护和运行由北京市永定河管理处负责。北京市水务局称事发地点周边安装了防护栏杆，在多处醒目位置设置了多个警示标牌，标牌注明管理单位为“北京市永定河管理处”。支某 3 的父母支某 1、马某某，妻子李某某和女儿支某 2 向法院起诉，请求北京市永定河管理处承担损害赔偿责任。

裁判结果

北京市丰台区人民法院于 2019 年 1 月 28 日作出（2018）京 0106 民初 2975 号民事判决：驳回支某 1 等四人的全部诉讼请求。宣判后，支某 1 等四人提出上诉。北京市第二中级人民法院于 2019 年 4 月 23 日作出（2019）京 02 民终 4755 号民事判决：驳回上诉，维持原判。

裁判理由

本案主要争议在于支某3溺亡事故发生地点的查实、相应管理机关的确定，以及该管理机关是否应承担侵权责任。本案主要事实和法律争议认定如下：

一、关于支某3的死亡地点及管理机关的事实认定。首先，从死亡原因上看，公安机关经鉴定认定支某3死因系因溺水导致；从事故现场上看，支某3遗体发现地点为永定河拦河闸前消力池。根据受理支某3失踪查找的公安机关派出所出具工作记录可认定支某3溺亡地点为永定河拦河闸南侧的消力池内。其次，关于消力池的管理机关。现已查明北京市永定河管理处为永定河拦河闸的管理机关，北京市永定河管理处对此亦予以认可，并明确确认消力池属于其管辖范围，据此认定北京市永定河管理处系支某3溺亡地点的管理责任方。鉴于北京市永定河管理处系依法成立的事业单位，依法可独立承担相应民事责任，故北京市水务局、北京市丰台区水务局、北京市丰台区永定河管理所均非本案的适格被告，支某1等四人要求该三被告承担连带赔偿责任的主张无事实及法律依据，不予支持。

二、关于管理机关北京市永定河管理处是否应承担侵权责任的认定。首先，本案并不适用侵权责任法中安全保障义务条款。安全保障义务所保护的人与义务人之间常常存在较为紧密的关系，包括缔约磋商关系、合同法律关系等，违反安全保障义务的侵权行为是负有安全保障义务的人由于没有履行合理范围内的安全保障义务而实施的侵权行为。根据查明的事实，支某3溺亡地点位于永定河拦河闸侧面消力池。从性质上看，消力池系永定河拦河闸的一部分，属于水利工程设施的范畴，并非对外开放的冰场；从位置上来看，消力池位于拦河闸下方的永定河河道的中间处；从抵达路径来看，抵达消力池的正常路径，需要从永定河的沿河河堤下楼梯到达河道，再从永定河河道步行至拦河闸下方，因此无论是消力池的性质、消力池所处位置还是抵达消力池的路径而言，均难以认定消力池属于公共场所。北京市永定河管理处也不是群众性活动的组织者，故支某1等四人上诉主张四被上诉人未尽安全保障义务，与法相悖。其次，从侵权责任的构成上看，一方主张承担侵权责任，应就另一方存在违法行为、主观过错、损害后果且违法行为与损害后果之间具有因果关系等侵权责任构成要件承担举证责任。永定河道并非正常的活动、通行场所，依据一般常识即可知无论是进入河道或进入冰面的行为，均容易发生危及人身的危险，此类对危险后果的预见性，不需要专业知识就可知晓。支某3在明知进入河道、冰面行走存在风险的情况下，仍进入该区域并导致自身溺亡，其主观上符合过于自信的过失，应自行承担相应的损害后果。成年人应当是自身安危的第一责任人，不能把自己的安危寄托在国家相关机构的无时无刻的提醒之下，户外活动应趋利避害，不随意进入非群众活动场所是每一个公民应自觉遵守的行为规范。综上，北京市永定河管理处对支某3的死亡发生无过错，不应承担赔偿责任。在此需要指出，因支某3意外溺亡，造成支某1、马某某老年丧子、支某2年幼丧父，其家庭境遇令人同情，法院对此予以理解，但是赔偿的责任方是否构成侵权则需法律上严格界定及证据上的支持，不能以情感或结果责任主义为导向将损失交由不构成侵权的他方承担。

（生效裁判审判人员：邢述华、唐季怡、陈光旭）

指导案例142号

刘明莲、郭丽丽、郭双双诉孙伟、河南兰庭物业管理有限公司信阳分公司生命权纠纷案

（最高人民法院审判委员会讨论通过 2020年10月9日发布）

关键词 民事 生命权 劝阻 合理限度 自身疾病

裁判要点

行为人为了维护因碰撞而受伤害一方的合法权益，劝阻另一方不要离开碰撞现场且没有超过合理限度的，属于合法行为。被劝阻人因自身疾病发生猝死，其近亲属请求行为人承担侵权责任的，人民法院不予支持。

相关法条

《中华人民共和国侵权责任法》第六条

基本案情

2019年9月23日19时40分左右，郭某骑着一辆折叠自行车从博士名城小区南门广场东侧道路出来，向博士名城南门出口骑行，在南门广场与5岁儿童罗某相撞，造成罗某右颌受伤出血，倒在地上。带自己孩子在此玩耍的孙伟见此情况后，将罗某扶起，并通过微信语音通话功能与罗某母亲李某1联系，但无人接听。孙伟便让身旁的邻居去通知李某1，并让郭某等待罗某家长前来处理。郭某称是罗某撞了郭某，自己还有事，需要离开。因此，郭某与孙伟发生言语争执。孙伟站在自行车前面阻拦郭某，不让郭某离开。

事发时的第一段视频显示：郭某往前挪动自行车，孙伟站在自行车前方，左手拿手机，右手抓住自行车车把，持续时间约8秒后孙伟用右手推车把两下。郭某与孙伟之间争执的主要内容为：郭某对孙伟说，你讲理不？孙伟说，我咋不讲理，我叫你等一会儿。郭某说，你没事我还有事呢。孙伟说，我说的对不，你撞小孩。郭某说，我还有事呢。孙伟说，你撞小孩，我说你半天。郭某说，是我撞小孩还是小孩撞我？第二段视频显示，孙伟、郭某、博士名城小区保安李某2、吴某四人均在博士名城小区南门东侧出口从南往北数第二个石墩附近。孙伟左手拿手机，右手放在郭某自行车车把上持续时间约5秒左右。李某2、吴某劝郭某不要骂人，郭某称要拨打110，此时郭某情绪激动并有骂人的行为。

2019年9月23日19时46分，孙伟拨打110报警电话。郭某将自行车停好，坐在博士名城小区南门东侧出口从南往北数第一个石墩上。郭某坐在石墩上不到两分钟即倒在地上。孙伟提交的一段时长14秒事发状况视频显示，郭某倒在地上，试图起身；孙伟在操作手机，报告位置。

2019年9月23日19时48分，孙伟拨打120急救电话。随后，孙伟将自己孩子送回家，然后返回现场。医护人员赶到现场即对郭某实施抢救。郭某经抢救无效，因心脏骤停死亡。

另，郭某曾于2019年9月4日因“意识不清伴肢体抽搐1小时”为主诉入住河南省信阳市中心医院，后被诊断为“右侧脑梗死，继发性癫痫，高血压病3级（极高危），2型糖尿病，脑血管畸形，阵发性心房颤动”。信阳市中心医院就郭某该病症下达病重通知书，显示“虽经医护人员积极救治，但目前患者病情危重，并且病情有可能进一步恶化，随时会危及患者生命”。信阳市中心医院在对郭某治疗期间，在沟通记录单中记载了郭某可能出现的风险及并发症，其中包含：脑梗塞进展，症状加重；脑疝形成呼吸心跳骤停；恶心心律失常猝死等。郭某2019年9月16日的病程记录记载：郭某及其家属要求出院，请示上级医师后予以办理。

郭某之妻刘明莲及其女郭丽丽、郭双双提起诉讼，要求孙伟承担侵权的赔偿责任，河南兰庭物业管理有限公司信阳分公司承担管理不善的赔偿责任。

裁判结果

河南省信阳市平桥区人民法院于2019年12月30日作出（2019）豫1503民初8878号民事判决：驳回原告刘明莲、郭丽丽、郭双双的诉讼请求。宣判后，各方当事人均未提出上诉。一审判决已发生法律效力。

裁判理由

法院生效裁判认为：本案争议的焦点问题是被告孙伟是否实施了侵权行为；孙伟阻拦郭某离开的行为与郭某死亡的结果之间是否有因果关系；孙伟是否有过错。

第一，郭某骑自行车与年幼的罗某相撞之后，罗某右颌受伤出血并倒在地上。郭某作为事故一方，没有积极理性处理此事，执意离开。对不利于儿童健康、侵犯儿童合法权益的行为，任何组织和个人有权予以阻止或者向有关部门控告。罗某作为未成年人，自我保护能力相对较弱，需要成年人对其予以特别保护。孙伟见到郭某与罗某相撞后，为保护罗某的利益，让郭某等待罗某的母亲前来处理相撞事宜，其行为符合常理。根据案发当晚博士名城业主群聊天记录中视频的发送时间及孙伟拨打110、120的电话记录等证据证实，可以确认孙伟阻拦郭某的时间为8分钟左右。在阻拦过程中，虽然孙伟与郭某发生言语争执，但孙伟的言语并不过激。孙伟将手放在郭某的自行车车把上，双方没有发生肢体冲突。孙伟的阻拦方式和内容均在正常限度之内。因此，孙伟的劝阻行为是合法行为，且没有超过合理限度，不具有违法性，应予以肯定与支持。

第二，郭某自身患脑梗、高血压、心脏病、糖尿病、继发性癫痫等多种疾病，事发当月曾在医院就医，事发前一周应其本人及家属要求出院。孙伟阻拦郭某离开，郭某坐在石墩上，倒地后因心脏骤停不幸死亡。郭某死亡，令人惋惜。刘明莲、郭丽丽、郭双双作为死者郭某的近亲属，心情悲痛，提起本案诉讼，可以理解。孙伟的阻拦行为本身不会造成郭某死亡的结果，郭某实际死亡原因为心脏骤停。因此，孙伟的阻拦行为与郭某死亡的后果之间并不存在法律上的因果关系。

第三，虽然孙伟阻拦郭某离开，诱发郭某情绪激动，但是，事发前孙伟与郭某并不认识，不知道郭某身患多种危险疾病。孙伟阻拦郭某的行为目的是为了保护儿童利益，并不存在侵害郭某的故意或过失。在郭某倒地后，孙伟拨打120急救电话予以救助。由此可见，孙伟对郭某的死亡无法预见，其对郭某的死亡后果发生没有过错。

（生效裁判审判人员：易松、彭洁、周成云）

指导案例143号

北京兰世达光电科技有限公司、黄晓兰诉赵敏名誉权纠纷案

（最高人民法院审判委员会讨论通过2020年10月9日发布）

关键词　民事　名誉权　网络侵权　微信群　公共空间

裁判要点

1. 认定微信群中的言论构成侵犯他人名誉权，应当符合名誉权侵权的全部构成要件，还应当考虑信息网络传播的特点并结合侵权主体、传播范围、损

害程度等具体因素进行综合判断。

2. 不特定关系人组成的微信群具有公共空间属性，公民在此类微信群中发布侮辱、诽谤、污蔑或者贬损他人的言论构成名誉权侵权，应当依法承担法律责任。

相关法条

1.《中华人民共和国民法通则》第一百零一条、第一百二十条

2.《中华人民共和国侵权责任法》第六条、第二十条、第二十二条

基本案情

原告北京兰世达光电科技有限公司（以下简称兰世达公司）、黄晓兰诉称：黄晓兰系兰世达公司员工，从事机器美容美甲业务。自2017年1月17日以来，被告赵敏一直对二原告进行造谣、诽谤、诬陷，多次污蔑、谩骂，称黄晓兰有精神分裂，污蔑兰世达公司的仪器不正规、讹诈客户，并通过微信群等方式进行散布，造成原告名誉受到严重损害，生意受损，请求人民法院判令：一、被告对二原告赔礼道歉，并以在北京市顺义区×号张贴公告、北京当地报纸刊登公告的方式为原告消除影响、恢复名誉；二、赔偿原告兰世达公司损失2万元；三、赔偿二原告精神损害抚慰金各5000元。

被告赵敏辩称：被告没有在小区微信群里发过损害原告名誉的信息，只与邻居、好朋友说过与二原告发生纠纷的事情，且此事对被告影响亦较大。兰世达公司仪器不正规、讹诈客户非被告一人认为，其他人也有同感。原告的美容店经常不开，其损失与被告无关。故请求驳回原告的诉讼请求。

法院经审理查明：兰世达公司在北京市顺义区某小区一层开有一家美容店，黄晓兰系该公司股东兼任美容师。2017年1月17日16时许，赵敏陪同住小区的另一业主到该美容店做美容。黄晓兰为顾客做美容，赵敏询问之前其在该美容店祛斑的事情，后二人因美容服务问题发生口角。后公安部门对赵敏作出行政处罚决定书，给予赵敏行政拘留三日的处罚。

原告主张赵敏的微信昵称为X郡主（微信号X－calm），且系小区业主微信群群主，双方发生纠纷后赵敏多次在业主微信群中对二原告进行造谣、诽谤、污蔑、谩骂，并将黄晓兰从业主群中移出，兰世达公司因赵敏的行为生意

严重受损。原告提供微信聊天记录及张某某的证人证言予以证明。微信聊天记录来自两个微信群，人数分别为345人和123人，记载有昵称X郡主发送的有关黄晓兰、兰世达公司的言论，以及其他群成员询问情况等的回复信息；证人张某某是兰世达公司顾客，也是小区业主，其到庭陈述看到的微信群内容并当庭出示手机微信，群主微信号为X－－－calm。

赵敏对原告陈述及证据均不予认可，并表示其2016年在涉诉美容店做激光祛斑，黄晓兰承诺保证全部祛除掉，但做过两次后，斑越发严重，多次沟通，对方不同意退钱，事发当日其再次咨询此事，黄晓兰却否认赵敏在此做过祛斑，双方发生口角；赵敏只有一个微信号，且经常换名字，现在业主群里叫X果，自己不是群主，不清楚群主情况，没有加过黄晓兰为好友，也没有在微信群里发过损害原告名誉的信息，只与邻居、朋友说过与原告的纠纷，兰世达公司仪器不正规、讹诈客户，其他人也有同感，公民有言论自由。

经原告申请，法院自深圳市腾讯计算机系统有限公司调取了微信号X－－－calm的实名认证信息，确认为赵敏，同时确认该微信号与黄晓兰微信号X－HL互为好友时间为2016年3月4日13：16：18。赵敏对此予以认可，但表示对于微信群中发送的有关黄晓兰、兰世达公司的信息其并不清楚，现已经不用该微信号了，也退出了其中一个业主群。

裁判结果

北京市顺义区人民法院于2017年9月19日作出（2017）京0113民初5491号民事判决：一、被告赵敏于本判决生效之日起七日内在顺义区×房屋门口张贴致歉声明，向原告黄晓兰、北京兰世达光电科技有限公司赔礼道歉，张贴时间为七日，致歉内容须经本院审核；如逾期不执行上述内容，则由本院在上述地址门口全文张贴本判决书内容；二、被告赵敏于本判决生效之日起七日内赔偿原告北京兰世达光电科技有限公司经济损失3000元；三、被告赵敏于本判决生效之日起七日内赔偿原告黄晓兰精神损害抚慰金2000元；四、驳回原告黄晓兰、北京兰世达光电科技有限公司的其他诉讼请求。宣判后，赵敏提出上诉。北京市第三中级人民法院于2018年1月31日作出（2018）京03民终725号民事判决：驳回上诉，维持原判。

裁判理由

法院生效裁判认为：名誉权是民事主体依法享有的维护自己名誉并排除他人侵害的权利。民事主体不仅包括自然人，也包括法人及其他组织。《中华人民共和国民法通则》第一百零一条规定，公民、法人享有名誉权，公民的人格尊严受法律保护，禁止用侮辱、诽谤等方式损害公民、法人的名誉。

本案的争议焦点为，被告赵敏在微信群中针对原告黄晓兰、兰世达公司的言论是否构成名誉权侵权。传统名誉权侵权有四个构成要件，即受害人确有名誉被损害的事实、行为人行为违法、违法行为与损害后果之间有因果关系、行为人主观上有过错。对于微信群中的言论是否侵犯他人名誉权的认定，要符合传统名誉权侵权的全部构成要件，还应当考虑信息网络传播的特点并结合侵权主体、传播范围、损害程度等具体因素进行综合判断。

本案中，赵敏否认其微信号 X－－－calm 所发的有关涉案信息是其本人所为，但就此未提供证据证明，且与已查明事实不符，故就该抗辩意见，法院无法采纳。根据庭审查明情况，结合微信聊天记录内容、证人证言、法院自深圳市腾讯计算机系统有限公司调取的材料，可以认定赵敏在与黄晓兰发生纠纷后，通过微信号在双方共同居住的小区两个业主微信群发布的信息中使用了“傻 X”“臭傻 X”“精神分裂”“装疯卖傻”等明显带有侮辱性的言论，并使用了黄晓兰的照片作为配图，而对于兰世达公司的“美容师不正规”“讹诈客户”“破仪器”“技术和产品都不灵”等贬损性言辞，赵敏未提交证据证明其所发表言论的客观真实性；退一步讲，即使有相关事实发生，其亦应通过合法途径解决。赵敏将上述不当言论发至有众多该小区住户的两个微信群，其主观过错明显，从微信群的成员组成、对其他成员的询问情况以及网络信息传播的便利、广泛、快捷等特点来看，涉案言论确易引发对黄晓兰、兰世达公司经营的美容店的猜测和误解，损害小区公众对兰世达公司的信赖，对二者产生负面认识并造成黄晓兰个人及兰世达公司产品或者服务的社会评价降低，赵敏的损害行为与黄晓兰、兰世达公司名誉受损之间存在因果关系，故赵敏的行为符合侵犯名誉权的要件，已构成侵权。

行为人因过错侵害他人民事权益，应当承担侵权责任。不特定关系人组成的微信群具有公共空间属性，公民在此类微信群中发布侮辱、诽谤、污蔑或者贬损他人的言论构成名誉权侵权，应当依法承担法律责任。公民、法人的名誉权受到侵害，有权要求停止侵害，恢复名誉，消除影响，赔礼道歉，并可以要求赔偿损失。现黄晓兰、兰世达公司要求赵敏基于侵犯名誉权之行为赔礼道歉，符合法律规定，应予以支持，赔礼道歉的具体方式由法院酌情确定。关于兰世达公司名誉权被侵犯产生的经济损失，兰世达公司提供的证据不能证明实际经济损失数额，但兰世达公司在涉诉小区经营美容店，赵敏在有众多该小区住户的微信群中发表不当言论势必会给兰世达公司的经营造成不良影响，故对兰世达公司的该项请求，综合考虑赵敏的过错程度、侵权行为内容与造成的影响、侵权持续时间、兰世达公司实际营业情况等因素酌情确定。关于黄晓兰主张的精神损害抚慰金，亦根据上述因素酌情确定具体数额。关于兰世达公司主张的精神损害抚慰金，缺乏法律依据，故不予支持。

（生效裁判审判人员：巴晶焱、李淼、徐晨）

最高人民法院

关于印发《民事诉讼程序繁简分流改革试点相关诉讼文书样式》的通知

2020年9月30日　　　　法〔2020〕261号

北京、上海、江苏、浙江、安徽、福建、山东、河南、湖北、广东、四川、贵州、云南、陕西、宁夏等省（区、市）高级人民法院：

为深入推进民事诉讼程序繁简分流改革试点工作，推动民事诉讼文书有效适应试点工作新要求，进一步明确相关诉讼文书样式，增强文书规范性，提高文书质量，最高人民法院制定了《民事诉讼程序繁简分流改革试点相关诉讼文书样式》，现予印发，自2020年11月1日施行。

各试点地区高级人民法院要切实抓好贯彻落实，指导各试点法院严格按照文书样式出具诉讼文书。对于前期各地已经出台的诉讼文书样式规范性文件，应当结合本文件的内容予以修订完善。相关诉讼文书的排版印制格式，适用《人民法院民事裁判文书制作规范》相关规定。实施过程中遇有问题，请及时层报最高人民法院。

民事诉讼程序繁简分流改革试点相关诉讼文书样式

01

民事裁定书

（小额诉讼程序转为简易程序用）

××××人民法院

民事裁定书

（××××）……民初……号

原告：×××，……。

……

被告：×××，……。

……

（以上写明当事人和其他诉讼参加人的姓名或者名称等基本信息）

原告×××与被告×××……（写明案由）一案，本院于××××年×

×月××日立案后，根据《全国人民代表大会常务委员会关于授权最高人民法院在部分地区开展民事诉讼程序繁简分流改革试点工作的决定》，依法适用小额诉讼程序。

××××年××月××日，×××提出异议认为，……（概括不宜适用小额诉讼程序的事实和理由），本案不宜适用小额诉讼程序。（法院依职权发现不宜适用小额诉讼程序的，此段不写）

本院经审查认为，……（写明不宜适用小额诉讼程序审理的情形），本案不宜适用小额诉讼程序。因本案事实清楚、权利义务关系明确、争议不大，可以适用简易程序。

依照《中华人民共和国民事诉讼法》第一百五十七条规定、《全国人民代表大会常务委员会关于授权最高人民法院在部分地区开展民事诉讼程序繁简分流改革试点工作的决定》，裁定如下：

本案转为简易程序。

审 判 员　×××

××××年××月××日

（院印）

法官助理　×××

书 记 员　×××

【说明】

1. 本样式根据《中华人民共和国民事诉讼法》第一百五十七条，《最高人民法院关于民事诉讼程序繁简分流改革试点实施办法》第十一条第一款制定，供基层人民法院在适用小额诉讼程序审理过程中，发现不宜适用小额诉讼程序但可以适用简易程序，裁定转为简易程序审理用。

2. 当事人对按照小额诉讼案件审理有异议的，应当在开庭前提出。人民法院经审查认为异议成立，且符合简易程序审理条件的，适用简易程序审理；异议不成立的，告知当事人，并记入笔录。

02

民事裁定书

（小额诉讼程序转为普通程序独任审理用）

×××× 人民法院
民事裁定书

（××××）……民初……号

原告：×××，……。

……

被告：×××，……。

……

（以上写明当事人和其他诉讼参加人的姓名或者名称等基本信息）

原告×××与被告×××……（写明案由）一案，本院于××××年××月××日立案后，根据《全国人民代表大会常务委员会关于授权最高人民法院在部分地区开展民事诉讼程序繁简分流改革试点工作的决定》，依法适用小额诉讼程序。

××××年××月××日，×××提出异议认为，……（概述不宜适用小额诉讼程序的事实和理由），本案不宜适用小额诉讼程序。（法院依职权发现不宜适用的，不写）

本院经审查认为，……（写明不宜适用小额诉讼程序的情形），本案不宜适用小额诉讼程序。因本案事实不易查明，但法律适用明确，可以适用普通程序独任审理。

依照《中华人民共和国民事诉讼法》第一百六十三条规定、《全国人民代表大会常务委员会关于授权最高人民法院在部分地区开展民事诉讼繁简分流改革试点工作的决定》，裁定如下：

本案转为普通程序，由审判员独任审理。

审 判 员　×××

××××年××月××日

（院印）

法官助理　×××

书 记 员　×××

【说明】

1. 本样式根据《中华人民共和国民事诉讼法》第一百六十三条及《最高人民法院关于民事诉讼程序繁简分流改革试点实施办法》第十一条第二款、第十六条第二款制定，供基层人民法院在适用小额诉讼程序审理过程中发现不宜适用小额诉讼程序但可以适用普通程序独任审理，裁定转为普通程序独任审理用。

2. 基层人民法院审理的事实不易查明，但法律适用明确的案件，可以由法官一人适用普通程序独任审理。人民法院发现需要转为普通程序独任审理的，应当在审理期限届满前作出裁定。如审判人员发生变化，落款中的审判人员应为转为普通程序后的独任法官。

03

民事裁定书

（小额诉讼程序转为普通程序合议庭审理用）

××××人民法院

民事裁定书

（××××）……民初……号

原告：×××，……。

……

被告：×××，……。

……

（以上写明当事人和其他诉讼参加人的姓名或者名称等基本信息）

原告×××与被告×××……（写明案由）一案，本院于××××年××月××日立案后，根据《全国人民代表大会常务委员会关于授权最高人民法院在部分地区开展民事诉讼程序繁简分流改革试点工作的决定》，依法适用小额诉讼程序。

××××年××月××日，×××提出异议认为，……（概述不宜适用小额诉讼程序的事实和理由），本案不宜适用小额诉讼程序。（法院依职权发现不宜适用的，不写）

本院经审查认为，……（写明不宜适用小额诉讼程序审理的情形），本案不宜适用小额诉讼程序，应适用普通程序组成合议庭审理。

依照《中华人民共和国民事诉讼法》第一百六十三条规定、《全国人民代表大会常务委员会关于授权最高人民法院在部分地区开展民事诉讼繁简分流改革试点工作的决定》，裁定如下：

本案转为普通程序，组成合议庭审理。

审 判 长　×××
审 判 员　×××
审 判 员　×××
××××年××月××日
（院印）
法官助理　×××
书 记 员　×××

【说明】

1. 本样式根据《中华人民共和国民事诉讼法》第一百六十三条及《最高人民法院关于民事诉讼程序繁简分流改革试点实施办法》第十一条第二款、第十七条制定，供基层人民法院在适用小额诉讼程序审理过程中发现不宜适用小额诉讼程序应适用普通程序组成合议庭审理，裁定转为普通程序组成合议庭审理用。

2. 人民法院发现需要转为普通程序合议制审理的，应当在审理期限届满前作出裁定。落款中的审判组织为转为合议庭审理后的合议庭组成人员。

04

民事裁定书

（小额诉讼程序用，以驳回起诉为例）

×××× 人民法院

民事裁定书

（××××）……民初……号

原告：×××，……。

……

被告：×××，……。

……

（以上写明当事人和其他诉讼参加人的姓名或者名称等基本信息）

原告×××与被告×××……（写明案由）一案，本院于××××年××月××日立案后，根据《全国人民代表大会常务委员会关于授权最高人民法院在部分地区开展民事诉讼程序繁简分流改革试点工作的决定》，依法适用小额诉讼程序进行了审理。本案现已审理终结。

×××向本院提出诉讼请求：1. ……；2. ……（明确原告的诉讼请求）。事实和理由：……。（概述原告主张的事实和理由）。

本院认为，……（写明驳回起诉的理由）。

依照《中华人民共和国民事诉讼法》第一百一十九条、第一百五十四条第一款第三项、《最高人民法院关于适用〈中华人民共和国民事诉讼法〉的解释》第二百七十九条规定，裁定如下：

驳回×××的起诉。

本裁定一经作出即生效。

审 判 员　×××
××××年××月××日
（院印）
法官助理　×××
书 记 员　×××

【说明】

1. 本样式根据《最高人民法院关于民事诉讼程序繁简分流改革试点实施办法》第五条对原样式作出修改，供基层人民法院在立案受理小额诉讼案件后，发现起诉不符合《中华人民共和国民事诉讼法》第一百一十九条规定的起诉条件的，裁定驳回起诉用。

2. 本裁定一经作出即生效。

3. 适用小额诉讼程序审理的其他民事裁定书，参照该样式在首部中的"案件由来和审理经过"添加"根据《全国人民代表大会常务委员会关于授权最高人民法院在部分地区开展民事诉讼程序繁简分流改革试点工作的决定》，依法适用小额诉讼程序"，其他部分内容继续参照2016年《民事诉讼文书样式》中的相关样式。

05

民事裁定书

（简易程序转为小额诉讼程序用）

×××× 人民法院

民事裁定书

（××××）……民初……号

原告：×××，……。

……

被告：×××，……。

……

（以上写明当事人和其他诉讼参加人的姓名或者名称等基本信息）

原告×××与被告×××……（写明案由）一案，本院于××××年××月××日立案后，依法适用简易程序。

本院经审查认为，……（写明可以转换为小额诉讼程序审理的情形），可以适用小额诉讼程序。

依照《全国人民代表大会常务委员会关于授权最高人民法院在部分地区开展民事诉讼繁简分流改革试点工作的决定》，裁定如下：

本案转为小额诉讼程序。

审 判 员　×××

××××年××月××日

（院印）

法官助理　×××

书 记 员　×××

【说明】

1. 本样式根据《最高人民法院关于民事诉讼程序繁简分流改革试点实施办法》第五条制定，供基层人民法院在适用简易程序审理过程中发现可以适用小额诉讼程序审理，裁定转为小额诉讼程序独任审理用。

2. “可以转换为小额诉讼程序审理的情形”应理解为最高人民法院《民事诉讼程序繁简分流改革试点问答口径（一）》第十七项，“适用简易程序审理的简单民事案件，经充分告知当事人小额诉讼程序有关事项，符合下列情形之一的，可以转换为小额诉讼程序审理：第一，符合《实施办法》第五条第二款规定的标的额条件，或者因为当事人减少或者变更诉讼请求，致使案件符合前述标的额条件，双方当事人同意适用小额诉讼程序的；第二，因为当事人减少或者变更诉讼请求，致使案件符合《实施办法》第五条第一款规定的适用条件，且当事人对适用小额诉讼程序无异议或者异议不成立的。”

3. 如审判人员发生变化，落款中的审判人员应为转为小额诉讼程序后的独任法官。

06

民事裁定书

（简易程序转为普通程序独任审理用）

××××人民法院

民事裁定书

（××××）……民初……号

原告：×××，……。

……

被告：×××，……。

……

（以上写明当事人和其他诉讼参加人的姓名或者名称等基本信息）

原告×××与被告×××……（写明案由）一案，本院于××××年××月××日立案后，依法适用简易程序。

××××年××月××日，××提出异议认为，……（概述不宜适用简易程序的事实和理由），本案不宜适用简易程序。（法院依职权发现不宜适用简易程序的，不写）

本院经审查认为，……（写明不宜适用简易程序审理的情形），本案不宜适用简易程序。因本案事实不易查明，但法律适用明确，可以适用普通程序独任审理。

依照《中华人民共和国民事诉讼法》第一百六十三条规定、《全国人民代表大会常务委员会关于授权最高人民法院在部分地区开展民事诉讼繁简分流改革试点工作的决定》，裁定如下：

本案转为普通程序，由审判员独任审理。

审 判 员　×××
××××年××月××日
（院印）
法官助理　×××
书 记 员　×××

【说明】

1. 本样式根据《中华人民共和国民事诉讼法》第一百六十三条及《最高人民法院关于民事诉讼程序繁简分流改革试点实施办法》第十六条第二款制定，供基层人民法院在适用简易程序审理过程中发现不宜适用简易程序但可以适用普通程序独任审理，裁定转为普通程序独任审理用。

2. 基层人民法院审理的事实不易查明，但法律适用明确的案件，可以由法官一人适用普通程序独任审理。人民法院发现需要转为普通程序独任审理的，应当在审理期限届满前作出裁定。如审判人员发生变化，落款中的审判人员应为转为普通程序后的独任法官。

07

民事裁定书

（一审普通程序独任审理转为合议庭审理用）

××××人民法院

民事裁定书

（××××）……民初……号

原告：×××，……。

……

被告：×××，……。

……

（以上写明当事人和其他诉讼参加人的姓名或者名称等基本信息）

原告×××与被告×××……（写明案由）一案，本院于××××年××月××日立案后，根据《全国人民代表大会常务委员会关于授权最高人民法院在部分地区开展民事诉讼繁简分流改革试点工作的决定》，依法适用普通程序独任审理。（如系小额诉讼程序、简易程序转换而来，则应写明程序转换过程。）

××××年××月××日，×××提出异议认为，……（概括不宜适用独任审理的事实和理由），本案不宜由审判员独任审理。（法院依职权发现不宜适用独任审理的，此段不写）

本院经审理认为，因……（写明转为合议庭审理的原因），本案不宜由审判员独任审理。

依照《全国人民代表大会常务委员会关于授权最高人民法院在部分地区

开展民事诉讼繁简分流改革试点工作的决定》，裁定如下：

本案组成合议庭审理。

审判长　×××

审判员　×××

审判员　×××

××××年××月××日

（院印）

法官助理　×××

书记员　×××

【说明】

1. 本样式根据《最高人民法院民事诉讼程序繁简分流改革试点实施办法》第十七条、第十九条制定，供基层人民法院在适用普通程序独任审理过程中发现案件应当组成合议庭审理后，裁定组成合议庭审理用。

2. 普通程序独任审理转为合议庭审理，应当以裁定方式作出，可以采用书面或者口头形式，作出裁定的主体为转换审判组织后的合议庭。对于之前适用小额诉讼程序或简易程序审理的，裁定中应当一并明确审理程序的转换过程。

08

民事裁定书

（二审案件独任审理转为合议庭审理用）

×××××人民法院

民事裁定书

（××××）……民终……号

上诉人（原审诉讼地位）：×××，……。

……

被上诉人（原审诉讼地位）：×××，……。

……

（以上写明当事人和其他诉讼参加人的姓名或者名称等基本信息）

上诉人×××与被上诉人×××（写明案由）纠纷一案，不服××××人民法院（××××）……号民事裁定/判决，向本院提起上诉。本院于××××年××月××日立案后，根据《全国人民代表大会常务委员会关于授权最高人民法院在部分地区开展民事诉讼程序繁简分流改革试点工作的决定》，依法由审判员独任审理。

××××年××月××日，×××提出异议认为，……（概括不宜适用独任审理的事实和理由），本案不宜由审判员独任审理。（法院依职权发现不宜适用独任审理的，此段不写）

本院经审查认为，……（写明转为合议庭审理的原因），本案不宜由审判员独任审理。

依照《全国人民代表大会常务委员会关于授权最高人民法院在部分地区

开展民事诉讼程序繁简分流改革试点工作的决定》，裁定如下：

本案组成合议庭审理。

审 判 长　×××

审 判 员　×××

审 判 员　×××

××××年××月××日

（院印）

法官助理　×××

书 记 员　×××

【说明】

1. 本样式根据《最高人民法院民事诉讼程序繁简分流改革试点实施办法》第十九条制定，供人民法院在二审独任审理过程中发现案件应当组成合议庭审理后，裁定组成合议庭审理用。

2. 二审案件独任审理转为合议庭审理，应当以裁定方式作出，可以采用书面或者口头形式，作出裁定的主体为转换审判组织后的合议庭。

09

民事判决书

（小额诉讼程序简式裁判文书用）

×××× 人民法院
民事判决书

（××××）……民初……号

原告：×××，……。

……

被告：×××，……。

……

（以上写明当事人和其他诉讼参加人的姓名或者名称等基本信息）

原告×××与被告×××……（写明案由）一案，本院于××××年××月××日立案后，根据《全国人民代表大会常务委员会关于授权最高人民法院在部分地区开展民事诉讼程序繁简分流改革试点工作的决定》，依法适用小额诉讼程序，公开/因涉及……（写明不公开开庭的理由）不公开开庭进行了审理。原告×××、被告×××（写明当事人和其他诉讼参加人的诉讼地位和姓名或者名称）到庭参加诉讼。本案现已审理终结。

×××向本院提出诉讼请求：1. ……；2. ……（明确原告的诉讼请求）。事实和理由：……（概述原告主张的事实和理由）。

×××辩称，……（概述被告答辩意见）。

×××诉/述称，……（概述第三人陈述意见）。

经审理查明：……（简述查明的案件基本事实）。

本院认为，……（简要写明裁判理由，对诉讼请求作出评判。对于案情简单、法律适用明确，法官通过当庭裁判说明裁判理由，并将裁判过程用庭审录音录像或庭审笔录完整记录的，裁判文书可不写裁判理由。）

依照《中华人民共和国……法》第×条、……（写明法律文件名称及其项序号）规定，判决如下：

……（写明判决结果）。

如果未按本判决指定的期间履行给付金钱义务，应当依照《中华人民共和国民事诉讼法》第二百五十三条及相关司法解释之规定，加倍支付迟延履行期间的债务利息（没有给付金钱义务的，不写）。

案件受理费……元，由……负担（写明当事人姓名或者名称、负担金额）。

本判决为终审判决。

审 判 员　×××

××××年××月××日

（院印）

法官助理　×××

书 记 员　×××

【说明】

1. 本样式根据《最高人民法院关于民事诉讼程序繁简分流改革试点实施办法》第五条、第九条制定，供基层人民法院适用小额诉讼程序开庭审理民事案件终结后，对案件的实体问题作出判决用。

2. 裁判文书一般应当重点简化当事人诉辩称、认定事实和裁判理由的内容。对于当事人诉辩称主要记载诉讼请求、答辩意见及简要理由；对于事实认定，主要记载法院对当事人产生争议的事实和证据认定情况；对于裁判理由，主要针对事实和法律争点进行简要释法说理，明确适用的法条依据。

满足下列条件的，小额诉讼案件裁判文书可以不载明裁判理由，具体条件为：一是案件事实清楚、权利义务关系明确，法律适用清晰；二是人民法院对案件作出当庭裁判，并已口头说明裁判理由；三是裁判过程及裁判理由，已在庭审录音录像或者庭审笔录作完整记录。

3. 小额诉讼案件判决书，除适用本样式外，也可以继续适用2016年《民事诉讼文书样式》中的要素式、表格式、令状式判决书格式，但需在首部中的“案件由来和审理经过”部分添加“根据《全国人民代表大会常务委员会关于授权最高人民法院在部分地区开展民事诉讼程序繁简分流改革试点工作的决定》，依法适用小额诉讼程序”。

10
民事调解书
（小额诉讼程序用）

××××人民法院

民事调解书

（××××）……民初……号

原告：×××，……。

……

被告：×××，……。

……

（以上写明当事人和其他诉讼参加人的姓名或者名称等基本信息）

原告×××与被告×××……（写明案由）一案，本院于××××年××月××日立案后，根据《全国人民代表大会常务委员会关于授权最高人民法院在部分地区开展民事诉讼程序繁简分流改革试点工作的决定》，依法适用小额诉讼程序进行了审理。

……（写明当事人的诉讼请求、事实和理由）。

本案审理过程中，经本院主持调解，当事人自愿达成如下协议/当事人自行和解达成如下协议，请求人民法院确认/经本院委托……（写明受委托单位）主持调解，当事人自愿达成如下协议：

一、……；

二、……。

（分项写明调解协议内容）

上述协议，不违反法律规定，本院予以确认。

案件受理费……元，由……负担（写明当事人姓名或者名称、负担金额。调解协议包含诉讼费用负担的，则不写）。

本调解书经各方当事人签收后，即具有法律效力/本调解协议经各方当事人在笔录上签名或者盖章，本院予以确认后即具有法律效力（各方当事人同意在调解协议上签名或者盖章后发生法律效力的）。

审 判 员　×××

××××年××月××日

（院印）

法官助理　×××

书 记 员　×××

【说明】

1. 本样式根据《最高人民法院关于民事诉讼程序繁简分流改革试点实施办法》第五条对原样式作出修改，供基层人民法院在适用小额诉讼程序审理案件过程中，当事人自行和解达成协议请求人民法院确认、人民法院主持调解达成协议、人民法院委托有关单位主持调解达成协议由人民法院确认后，制作民事调解书用。

2. 小额诉讼案件，可以不写案件事实。

11

民事判决书

（一审普通程序独任审理用）

××××人民法院
民事判决书

（××××）……民初……号

原告：×××，……。

……

被告：×××，……。

……

（以上写明当事人和其他诉讼参加人的姓名或者名称等基本信息）

原告×××与被告×××（写明案由）纠纷一案，本院于××××年××月××日立案后，根据《全国人民代表大会常务委员会关于授权最高人民法院在部分地区开展民事诉讼程序繁简分流改革试点工作的决定》，依法适用普通程序，由审判员独任审理，于××××年××月××日公开/因涉及……（写明不公开开庭的理由）不公开/开庭进行了审理。原告×××、被告×××、第三人×××（写明当事人和其他诉讼参加人的诉讼地位和姓名或者名称）到庭参加诉讼。本案现已审理终结。

×××向本院提出诉讼请求：1. ……；2. ……（明确原告的诉讼请求）。事实和理由：……（概述原告主张的事实和理由）。

×××辩称，……（概述被告答辩意见）。

×××诉/述称，（概述第三人陈述意见）。

当事人围绕诉讼请求依法提交了证据，本院组织当事人进行了证据交换和质证。对当事人无异议的证据，本院予以确认并在卷佐证。对有争议的证据和事实，本院认定如下：1. ……；2. ……（写明法院是否采信证据，事实认定的意见和理由）。

本院认为，……（写明争议焦点，根据认定的事实和相关法律，对当事人的诉讼请求作出分析评判，说明理由）。

综上所述，……（对当事人的诉讼请求是否支持进行总结评述）。依照《中华人民共和国……法》第×条、……（写明法律文件名称及其条款项序号）规定，判决如下：

一、……；

二、……。

（以上分项写明判决结果）

如果未按判决指定的期限履行金钱给付义务，应当依照《中华人民共和国民事诉讼法》第二百五十三条及相关司法解释之规定，加倍支付迟延履行期间的债务利息。（没有金钱给付义务的，不写）

案件受理费××元，由×××负担。

如不服本判决，可在判决书送达之日起十五日内，向本院递交上诉状，并按照对方当事人人数提出副本，上诉于××××人民法院。

审 判 员　×××

××××年××月××日

（院印）

法官助理　×××

书 记 员　×××

【说明】

1. 本样式根据《最高人民法院关于民事诉讼程序繁简分流改革试点实施办法》第十六条第二款制定，供一审普通程序独任制开庭审理民事案件终结后，根据已经查明的事实、证据和有关的法律规定，对案件的实体问题作出判决用。判决书首部中的“案件由来和审理经过”部分需添加“根据《全国人民代表大会常务委员会关于授权最高人民法院在部分地区开展民事诉讼程序繁简分流改革试点工作的决定》，依法适用普通程序……进行了独任审理”。

2. 落款中的署名为独任审理的“审判员”。

3. 除有特别规定外，其他一审普通程序独任审理案件的民事裁定书、调解书中的“案件由来和审理经过”部分亦参照本样式。

12

民事判决书

（二审案件独任审理用，以驳回上诉，维持原判为例）

××××人民法院

民事判决书

（××××）……民终……号

上诉人（原审诉讼地位）：×××，……。

……

被上诉人（原审诉讼地位）：×××，……。

……

（以上写明当事人和其他诉讼参加人的姓名或者名称等基本信息）

上诉人×××因与被上诉人×××（写明案由）纠纷一案，不服×××人民法院（××××）……民初……号民事判决，向本院提起上诉。本院于××××年××月××日立案受理后，根据《全国人民代表大会常务委员会关于授权最高人民法院在部分地区开展民事诉讼程序繁简分流改革试点工作的决定》，依法适用第二审程序，由审判员独任审理，于××××年××月××

日公开开庭审理了本案。上诉人×××、被上诉人×××、原审原告/被告/第三人×××到庭参加诉讼。(写明当事人和其他诉讼参加人的诉讼地位和姓名或者名称，不开庭审理的，不写到庭情况）本案现已审理终结。

×××上诉请求：……（写明上诉请求)。事实和理由：……（概述上诉人主张的事实和理由)。

×××辩称，……（概述被上诉人答辩意见)。

×××述称，……（概述原审原告/被告/第三人陈述意见)。

×××向一审法院起诉请求，……（写明原告/反诉原告/有独立请求权的第三人的诉讼请求)。

一审法院认定事实：……（概述一审认定的事实)。一审法院认为，……（概述一审裁判理由)。判决：……（写明一审判决主文)。

本案二审期间，当事人围绕上诉请求依法提交了证据。本院组织当事人进行了证据交换和质证（当事人没有提交新证据的，写明：二审中，当事人没有提交新证据)。对当事人二审争议的事实，本院认定如下：……（写明二审法院采信证据、认定事实的意见和理由，对一审查明相关事实的评判)。

本院认为，……（根据二审认定的案件事实和相关法律规定，对当事人的上诉请求进行分析评判，说明理由)。

综上所述，×××的上诉请求不能成立，应予驳回；一审判决认定事实清楚，适用法律正确，应予维持。依照《中华人民共和国民事诉讼法》第一百七十条第一款第一项规定，判决如下：

驳回上诉，维持原判。

二审案件受理费……元，由……负担（写明当事人姓名或者名称、负担金额)。

本判决为终审判决。

审 判 员　×××

××××年××月××日

(院印)

法官助理　×××

书 记 员　×××

【说明】

1. 本样式根据《最高人民法院关于民事诉讼程序繁简分流改革试点实施办法》第十八条制定，供二审案件适用独任制开庭审理用。判决书首部中的“案件由来和审理经过”需添加“根据《全国人民代表大会常务委员会关于授权最高人民法院在部分地区开展民事诉讼程序繁简分流改革试点工作的决定》规定，依法适用第二审程序，由审判员独任审理……”。

2. 落款中的署名为独任审理的“审判员”。

3. 二审独任审理案件的其他民事判决书、裁定书、调解书的“案件由来和审理经过”部分亦参照该样式，其他部分继续参照2016 年《民事诉讼文书样式》中的相关样式。

13

小额诉讼程序告知书

（告知当事人小额诉讼程序用）

小额诉讼程序告知书

一、根据《全国人民代表大会常务委员会关于授权最高人民法院在部分地区开展民事诉讼程序繁简分流改革试点工作的决定》及《民事诉讼程序繁简分流改革试点实施办法》，对于基层人民法院审理的事实清楚、权利义务关系明确、争议不大，标的额为人民币五万元以下的简单金钱给付类案件，应当适用小额诉讼程序；对于标的额超过五万元、十万元以下，当事人双方约定适用小额诉讼程序的，可以适用小额诉讼程序审理。以下案件不适用小额诉讼程序：

（一）人身关系、财产确权纠纷；

（二）涉外民事纠纷；

（三）需要评估、鉴定或者对诉前评估、鉴定结果有异议的纠纷；

（四）一方当事人下落不明的纠纷；

（五）其他不宜适用小额诉讼程序审理的纠纷。

二、适用小额诉讼程序审理的案件，应遵守以下规定。

（一）原告可以口头起诉。当事人双方可以同时到基层人民法院或者它派出的法庭，请求解决纠纷。法院可以当即审理，也可以另定日期审理。

（二）由审判员一人独任审理，不受《中华人民共和国民事诉讼法》第一百三十六条、第一百三十八条、第一百四十一条规定的限制。

（三）经人民法院告知放弃答辩期间、举证期限的法律后果后，当事人明确表示放弃的，人民法院可以直接开庭审理。当事人明确表示不放弃答辩期间的，人民法院可以在征得其同意的基础上，合理确定答辩期间，但一般不超过七日。当事人明确表示不放弃举证期限的，可以由当事人自行约定举证期限或者由人民法院指定举证期限，但一般不超过七日。

（四）可以比照简易程序进一步简化传唤、送达、证据交换的方式，但不得减损当事人答辩、举证、质证、陈述、辩论等诉讼权利。

庭审可以不受法庭调查、法庭辩论等庭审程序限制，直接围绕诉讼请求或者案件要素进行，原则上应当一次开庭审结，但人民法院认为确有必要再次开庭的除外。

（五）可以比照简易程序进一步简化裁判文书，主要记载当事人基本信息、诉讼请求、答辩意见、主要事实、简要裁判理由、裁判依据、裁判主文和一审终审的告知等内容。

对于案情简单、法律适用明确的案件，法官可以当庭作出裁判并说明裁判理由。对于当庭裁判的案件，裁判过程经庭审录音录像或者庭审笔录完整记录的，人民法院在制作裁判文书时可以不再载明裁判理由。

（六）应当在立案之日起两个月内审结，有特殊情况需要延长的，经本院院长批准，可以延长一个月。双方当事人和解期间、审理当事人提出的管辖权异议以及处理法院之间的管辖争议期间不计入审理期限。

（七）因当事人向人民法院提出异议，经审查异议成立或当事人申请增加或变更诉讼请求、追加当事人，提出反诉，需要鉴定、评估、审计等，致使案件不符合小额诉讼程序条件的，裁定转为简易程序或普通程序审理。由小额诉讼程序转为简易程序审理的案件，一般不得再转为普通程序审理，但确有必要的除外。转为简易程序或者普通程序审理前，双方当事人已确认的事实，可以不再举证、质证。

（八）当事人对按照小额诉讼案件审理有异议的，应当在开庭前提出。人民法院经审查，异议成立的，适用简易程序或普通程序审理；异议不成立的，告知当事人，并记入笔录。

（九）当事人双方一经约定适用小额诉讼程序，原则上不得反悔。

三、案件适用小额诉讼程序审理作出的裁判，具有以下法律效力：

（一）当事人对小额诉讼案件提出管辖异议的，人民法院应当作出裁定。裁定一经作出即生效。

（二）人民法院受理小额诉讼案件后，发现起诉不符合《中华人民共和国民事诉讼法》第一百一十九条规定的起诉条件的，裁定驳回起诉。裁定一经作出即生效。

（三）小额诉讼案件实行一审终审。

（四）对小额诉讼案件的判决、裁定，当事人以《中华人民共和国民事诉讼法》第二百条规定的事由向原审人民法院申请再审的，人民法院应当受理。申请再审事由成立的，应当裁定再审，组成合议庭进行审理。作出的再审判决、裁定，当事人不得上诉。当事人以不应按小额诉讼案件审理为由向原审人民法院申请再审的，人民法院应当受理。理由成立的，应当裁定再审，组成合议庭审理。作出的再审判决、裁定，当事人可以上诉。

【说明】

1. 本样式根据《最高人民法院民事诉讼程序繁简分流改革试点实施办法》第五条至第十一条对原样式作出修改，供基层人民法院受理案件后决定适用小额诉讼程序或适用简易程序转为小额诉讼程序，告知当事人小额诉讼程序用。

2. 人民法院受理小额诉讼案件，应当向当事人告知该类案件的审判组织、一审终审、审理期限等相关事项。

14

一审普通程序独任审理通知书

（通知当事人适用普通程序独任审理用）

×××× 人民法院

普通程序独任审理通知书

（××××）……民初……号

×××：

原告×××与被告×××……纠纷（写明案由）一案，根据《全国人民代表大会常务委员会关于授权最高人民法院在部分地区开展民事诉讼程序繁简分流改革试点工作的决定》，依法适用普通程序，由审判员×××独任审理。

当事人对审判员独任审理有异议的，应当在开庭前提出。人民法院经审查，异议成立的，组成合议庭审理；异议不成立的，告知当事人，并记入笔录。

××××年××月××日

（院印）

【说明】

1. 本样式根据《最高人民法院民事诉讼程序繁简分流改革试点实施办法》第十六条第二款制定，供基层人民法院通知当事人适用普通程序独任审理用。

2. 案件如果由小额诉讼程序、简易程序转换为普通程序独任审理，人民法院已经作出书面裁定，或作出口头裁定并记入笔录的，可不再发送本通知书。

15

二审案件独任审理通知书

（通知当事人二审案件适用独任审理用）

××××人民法院
独任审理通知书

（××××）……民终……号

×××：

上诉人×××与被上诉人×××……纠纷（案由）一案，根据《全国人民代表大会常务委员会关于授权最高人民法院在部分地区开展民事诉讼程序繁简分流改革试点工作的决定》，依法由审判员×××独任审理。

当事人对审判员独任审理有异议的，应当在开庭前提出。人民法院经审查，异议成立的，组成合议庭审理；异议不成立的，告知当事人，并记入笔录。

××××年××月××日
（院印）

【说明】

本样式根据《最高人民法院民事诉讼程序繁简分流改革试点实施办法》第十八条制定，供人民法院通知当事人二审案件适用独任审理用。

最高人民法院　司法部

关于印发《〈中华人民共和国人民陪审员法〉实施中若干问题的答复》的通知

2020 年 8 月 11 日　　　　法发〔2020〕29 号

各省、自治区、直辖市高级人民法院、司法厅（局），新疆维吾尔自治区高级人民法院生产建设兵团分院、新疆生产建设兵团司法局：

为进一步规范人民陪审员工作，现将《〈中华人民共和国人民陪审员法〉实施中若干问题的答复》印发你们，请结合实际认真贯彻执行。在执行中有何问题和建议，请及时报告最高人民法院、司法部。

《中华人民共和国人民陪审员法》实施中若干问题的答复

在《中华人民共和国人民陪审员法》（以下简称《人民陪审员法》）及配套规范性文件实施过程中，部分地方就有关问题进行请示，经研究，现答复如下：

1. 新疆维吾尔自治区生产建设兵团法院如何选任人民陪审员？

答：没有对应同级人民代表大会的兵团基层人民法院人民陪审员的名额由兵团分院确定，经公示后确定的人民陪审员人选，由基层人民法院院长提请兵团分院任命。在未设立垦区司法局的垦区，可以由师（市）司法局会同垦区人民法院、公安机关组织开展人民陪审员选任工作。

2.《人民陪审员法》第六条第一项所指的监察委员会、人民法院、人民检察院、公安机关、国家安全机关、司法行政机关的工作人员是否包括行政编制外人员?

答：上述工作人员包括占用行政编制和行政编制外的所有工作人员。

3. 乡镇人民代表大会主席团的成员能否担任人民陪审员?

答：符合担任人民陪审员条件的乡镇人民代表大会主席团成员，不是上级人民代表大会常务委员会组成人员的，可以担任人民陪审员，法律另有禁止性规定的除外。

4. 人民代表大会常务委员会的工作人员能否担任人民陪审员?

答：人民代表大会常务委员会的工作人员，符合担任人民陪审员条件的，可以担任人民陪审员，法律另有禁止性规定的除外。

5. 人民代表大会常务委员会的组成人员、法官、检察官，以及人民法院、人民检察院的其他工作人员，监察委员会、公安机关、国家安全机关、司法行政机关的工作人员离任后能否担任人民陪审员?

答：（1）人民代表大会常务委员会的组成人员，监察委员会、人民法院、人民检察院、公安机关、国家安全机关、司法行政机关的工作人员离任后，符合担任人民陪审员条件的，可以担任人民陪审员。上述人员担任人民陪审员的比例应当与其他人员的比例适当平衡。

（2）法官、检察官从人民法院、人民检察院离任后二年内，不得担任人民陪审员。

（3）法官从人民法院离任后，曾在基层人民法院工作的，不得在原任职的基层人民法院担任人民陪审员；检察官从人民检察院离任后，曾在基层人民检察院工作的，不得在与原任职的基层人民检察院同级、同辖区的人民法院担任人民陪审员。

（4）法官从人民法院离任后，担任人民陪审员的，不得参与原任职人民法院的审判活动；检察官从人民检察院离任后，担任人民陪审员的，不得参与原任职人民检察院同级、同辖区的人民法院的审判活动。

6. 劳动争议仲裁委员会的仲裁员能否担任人民陪审员？

答：劳动争议仲裁委员会的仲裁员不能担任人民陪审员。

7. 被纳入失信被执行人名单的公民能否担任人民陪审员？

答：公民被纳入失信被执行人名单期间，不得担任人民陪审员。人民法院撤销或者删除失信信息后，公民符合法定条件的，可以担任人民陪审员。

8. 公民担任人民陪审员不得超过两次，是否包括《人民陪审员法》实施前以及在不同人民法院任职的情形？

答：公民担任人民陪审员总共不得超过两次，包括《人民陪审员法》实施前任命以及在不同人民法院任职的情形。

9. 有独立请求权的第三人是否可以申请由人民陪审员参加合议庭审判案件？

答：有独立请求权的第三人可以依据《人民陪审员法》相关规定申请由人民陪审员参加合议庭审判案件。

10. 人民法院可否吸收人民陪审员参加减刑、假释案件的审理？

答：人民法院可以结合案件情况，吸收人民陪审员参加减刑、假释案件审理，但不需要开庭审理的除外。

11. 人民陪审员是否可以参加案件执行工作？

答：根据《人民陪审员法》，人民陪审员参加第一审刑事、民事、行政案件的审判。人民法院不得安排人民陪审员参加案件执行工作。

12. 人民法院可以根据案件审判需要，从人民陪审员名单中随机抽取一定数量的候补人民陪审员，并确定递补顺序，一并告知当事人。如果原定人民陪审员因故无法到庭，由候补人民陪审员参与案件审理，是否需要就变更合议庭成员另行告知双方当事人？候补人民陪审员的递补顺序，应如何确定？

答：人民法院已一并告知候补人民陪审员名单的，如变更由候补人民陪审员参加庭审的，无需另行告知当事人。确定候补人民陪审员的递补顺序，可按照姓氏笔画排序等方式确定。

13. 根据《最高人民法院关于适用〈中华人民共和国人民陪审员法〉若干

问题的解释》，七人合议庭开庭前和评议时，应当制作事实认定问题清单。审判实践中，如何制作事实认定问题清单？

答：事实认定问题清单应当立足全部案件事实，重点针对案件难点和争议的焦点内容。刑事案件中，可以以犯罪构成要件事实为基础，主要包括构成犯罪的事实、不构成犯罪的事实，以及有关量刑情节的事实等。民事案件中，可以根据不同类型纠纷的请求权规范基础，归纳出当事人争议的要件事实。行政案件中，主要包括审查行政行为合法性所必须具备的事实。

14. 合议庭评议案件时，人民陪审员和法官可否分组分别进行评议、表决？

答：合议庭评议案件时，人民陪审员和法官应当共同评议、表决，不得分组进行。

15. 案件审结后，人民法院将裁判文书副本送交参加该案审判的人民陪审员时，能否要求人民陪审员在送达回证上签字？

答：人民陪审员不是受送达对象，不能要求人民陪审员在送达回证上签字。人民法院将裁判文书副本送交人民陪审员时，可以以适当方式请人民陪审员签收后存档。

16. 如何把握人民陪审员年度参审数上限一般不超过 30 件的要求？对于人民陪审员参与审理批量系列案件的，如何计算案件数量？

答：个别案件量大的人民法院可以结合本院实际情况，提出参审数上限在 30 件以上设置的意见，层报高级人民法院备案后实施。高级人民法院应统筹辖区整体情况从严把握。

人民陪审员参加审理批量系列案件的，可以按一定比例折算案件数以核定是否超出参审数上限。具体折算比例，由高级人民法院确定。

17. 对于人民陪审员参审案件数占第一审案件数的比例即陪审率，是否可以设定考核指标？

答：《人民陪审员法》及相关司法解释规定了人民陪审员参审案件范围和年度参审数上限，要严格执行相关规定。人民法院不得对第一审案件总体陪审率设定考核指标，但要对第一审案件总体陪审率、人民陪审员参加七人合议庭等情况进行统计监测。

18. 人民陪审员是否适用法官法中法官任职回避的规定？

答：人民陪审员适用民事、刑事、行政诉讼法中诉讼回避的规定，不适用法官法中法官任职回避的规定。

19. 人民陪审员在参加庭审等履职过程中，着装有何要求？

答：人民陪审员在参加庭审等履职过程中，着装应当端庄、得体，但不得配发、穿着统一制服。

规范选任管理　提升参审质效
推动人民陪审员工作行稳致远

——最高人民法院政治部、司法部人民参与和促进法治局负责人就人民陪审员法实施两周年工作情况及《〈中华人民共和国人民陪审员法〉施中若干问题的答复》重点内容答记者问

10月19日，最高人民法院、司法部通报人民陪审员法实施两周年工作情况并发布《〈中华人民共和国人民陪审员法〉实施中若干问题的答复》（以下简称《答复》），最高人民法院政治部、司法部人民参与和促进法治局负责人就相关情况回答了记者提问。

问：人民陪审员法规定由司法行政机关牵头负责选任工作。据了解，目前全国各地均完成了第一批人民陪审员的选任。请介绍一下选任工作的开展情况，以及新选任后的人民陪审员队伍有哪些变化？

答：人民陪审员选任工作，是建设一支素质优良、代表广泛、群众基础扎

实的人民陪审员队伍的重要基础。两年来，各级司法行政机关认真贯彻落实人民陪审员法和《人民陪审员选任办法》，积极会同人民法院、公安机关严格落实选任工作新机制，扩大人民陪审员选任范围，规范人民陪审员选任程序，采取有效措施，认真落实随机抽选规定，严格开展资格审查，组织好个人申请和组织推荐，更多社会阅历丰富、熟悉社情民意的普通群众加入了人民陪审员队伍，有效扩大了司法领域的人民民主。新选任后的人民陪审员队伍主要呈现以下变化：一是随机抽选成为主要来源。各地严格落实人民陪审员选任“两个随机”，从当地常住居民名单中随机抽选产生人民陪审员候选人，从通过资格审查的人民陪审员候选人中随机抽选正式人民陪审员，实现了选任理念由“方便”“好用”向“广泛”“随机”转变，使更多普通公民有机会成为人民陪审员。目前，全国有超过20万人民陪审员通过随机抽选产生。二是个人申请和组织推荐更加有的放矢。各地严格执行个人申请和组织推荐不超过人民陪审员名额数五分之一的规定，结合工作实际，广泛动员不同专业、行业的人员、单位和基层组织参与到人民陪审员选任工作中来，用足用好个人申请和组织推荐，进一步满足审判工作需要。如广西、贵州、云南、青海、新疆等地结合区域实际，从各少数民族选任一定数量的人民陪审员，有效补充了双语审判力量。三是广泛性和代表性进一步增强。目前，人民陪审员队伍中男性占54.6%、女性占45.4%，平均年龄45岁；研究生以上学历3.2%，高中以上研究生以下学历占87.4%，高中以下文化程度占9.4%，人民陪审员队伍进一步壮大，来源更加广泛，人民群众参与司法、监督司法的积极性进一步提升。

截至2020年6月底，各地均根据新法要求完成了第一批人民陪审员选任，同时对不符合新法要求的人民陪审员，依法提请免除职务，实现了人员“有进有出”。2020年初开始，部分地区已经开展第二批选任工作，并结合新冠疫情防疫新要求，及时主动调整选任思路和方法，采取线上报名、线上审查等方式，保证了选任工作顺利推进。

问：人民陪审员法的宗旨是保障公民依法参加审判活动，充分发挥人民陪审员实质参审作用。请问过去两年，在提升人民陪审员参审质效、发挥参审作用方面，人民法院都做了哪些工作？

答：人民陪审员制度的功能价值能否得到实现，关键在于人民陪审员的参审作用能否充分发挥。过去两年，各地法院认真贯彻人民陪审员法及司法解释相关规定，注重用制度保障人民陪审员参审权利，充分发挥人民陪审员懂民情、知民意的优势，与法官专业化、职业化形成优势互补，着力解决“陪而不审”“审而不议”的痼疾，有效发挥了人民陪审员的实质参审作用。一是合理细化参审案件范围。各地准确把握人民陪审员法及相关司法解释规定的参审案件范围，不再片面追求陪审率，避免陪审制度混用和司法资源的浪费。二是组成七人合议庭审理社会影响重大案件。各地准确把握人民陪审员法精神，对刑事重罪、公益诉讼等社会影响重大的案件，适用三名法官和四名人民陪审员组成的七人合议庭审理，充分发挥人民陪审员熟悉社情民意、长于事实认定的优势。三是探索建立问题清单制度，引导人民陪审员深度参审。各地建立健全庭前阅卷、法官指引、独立发表意见等保障机制，着力保障人民陪审员参审职权。根据人民陪审员法司法解释的规定，在七人合议庭中探索制作事实认定问题清单，引导人民陪审员有针对性进行调查、发问、评议，切实发挥人民陪审员实质参审作用。四是健全随机抽取机制，确保人民陪审员均衡参审。各地通过开发随机抽取软件，建立错时参审机制等，积极落实个案随机抽取，着力解决“陪审专业户”现象。各地在落实随机抽取的同时兼顾案件特殊需求，开展有针对性的随机抽取，既保证了参审的均衡性，又充分发挥了人民陪审员优势特长。人民陪审员法实施两年来，全国各地法院人民陪审员共参审各类案件659.4万余件，包括一批涉及群体利益、社会公共利益，人民群众广泛关注，社会影响重大的案件，取得了良好法律效果和社会效果，得到人民群众的广泛认可。

问：人民陪审员法实施两周年之际，最高人民法院、司法部发布《答复》，专门就人民陪审员工作的一些具体问题作出规定，请介绍一下起草的背景和重要意义？

答：2018年4月27日，人民陪审员法正式颁布施行。随后，最高人民法院单独或联合司法部出台了《人民陪审员选任办法》《人民陪审员培训、考核、奖惩工作办法》和《人民陪审员法司法解释》。在人民陪审员法和配套规范性文件实施过程中，地方陆续就有关问题进行请示，主要集中在选任、案件参审以及管理等方面。部分问题涉及 2005 年《关于人民陪审员选任工作若干问题的答复》（以下简称《选任答复》）规定，如法官离任后能否担任陪审员，也有部分是新问题，如人民陪审员是否可以参加执行工作等，同时我们在工作中也发现，有一些地方的做法亟须纠正，如设定陪审率的考核指标，为人民陪审员配发统一制服等。

对上述问题，有必要对反映较为集中的问题进行系统答复，以加强指导，规范工作。2019 年 12 月，最高人民法院和司法部启动了调研工作，2020 年 3 月，我们系统梳理实践中存在的问题，结合地方法院意见建议，适当吸收、调整了 2005 年《选任答复》相关内容，形成了《〈中华人民共和国人民陪审员法〉实施中若干问题的答复（征求意见稿）》。5 月底，经广泛征求意见，各方面普遍认为《答复（稿）》具有较强的操作性，已较为成熟。我们在认真梳理并充分吸收各方反馈意见的基础上，对《答复（稿）》作了进一步修改完善。按照工作安排，《答复》由最高人民法院和司法部完成会签后，于 8 月 11 日正式印发。

《答复》是贯彻落实人民陪审员法的重要配套性文件，以人民陪审员法及配套规范性文件为依据，充分体现中国特色人民陪审员制度的功能定位，坚持以问题为导向，突出可操作性，对于规范人民陪审员选任，提升人民陪审员参审质效和司法公信力具有十分重要的意义。

问：从人民陪审员制度改革试点到人民陪审员法立法，再到《人民陪审员法司法解释》，一直在强调人民陪审员的职责定位是参与审判。现实中，一些地方过于强调人民陪审员调解优势，一些地方让人民陪审员参与到执行、送达等工作。《答复》在这方面有没有进行回应？

答：从调研情况看，个别地方把“人民陪审员”当成“人民调解员”，有的地方让人民陪审员参与执行、送达、化解信访、执纪、监督、法治宣传等多项工作。今天，我们再次强调，人民陪审员履行的是法定审判职责，不具有送达、执行、接访等业外职能，人民陪审员法的宗旨是保障公民依法参加审判活动，上述做法不仅与人民陪审员制度的设计初衷相违背，还损害了人民陪审员制度的公信力和严肃性。在《答复》起草过程中，有意见提出人民陪审员可以参加案件执行实施工作和执行异议案件的处理，我们认为，人民陪审员不应参加案件执行工作。主要考虑如下：第一，从职能职权来看，人民陪审员法明确规定人民陪审员的法定职责是参加第一审案件审判，执行不属于第一审案件审判活动。文书送达、庭审记录、案件执行等都不是人民陪审员的法定职责。第二，从履职具体方式来看，人民陪审员是通过开庭和合议履行职责，而非书面审查和听证。《人民陪审员法司法解释》明确规定人民陪审员不参加"不需要开庭审理的案件"，执行实施和执行异议审查中，人民法院组成合议庭实行书面审查或者听证，不能等同于开庭审理第一审案件。第三，并非组成合议庭的案件均可适用人民陪审员制度。为充分发挥人民陪审员实质参审作用，更要严格按照人民陪审员法及司法解释的规定确定参审案件范围。第四，在设定参审数上限的前提下，不宜随意扩大参审范围。《人民陪审员法司法解释》明确人民陪审员年度参审上限一般不超过30件，这是破除"驻庭陪审"现象的有力抓手，有利于法院把有限的资源用到真正能发挥陪审员作用的案件上。另外，需要明确传达一种认识，即人民陪审员不是解决"人案矛盾"的手段。

问：《答复》中涉及人民陪审员选任工作的问答有8条，具体介绍一下都从哪些方面对选任工作进行了补充和完善？

答：刚才介绍，经过两年的实践，在各级司法行政机关、人民法院、公安机关的共同努力下，人民陪审员选任工作取得了突出成效。但与此同时，在工作过程中，各地对一些具体问题把握不准，一定程度上影响了选任工作质效。例如，被纳入失信被执行人名单的，不得担任人民陪审员，是永久不得还是有期限，实践中有不同认识。还比如《人民陪审员选任办法》规定"公民担任人民陪审员不得超过两次"，具体是否包括不同辖区任命等情形。对这些反映较集中的问题，我们加强调查研究，认真总结各地经验做法，在《答复》中对选任工作进行了如下补充和完善：第一，进一步明确禁止担任人民陪审员的人员范围。一是明确了禁止担任陪审员的范围包括编制外人员；二是明确劳动争议仲裁委员会仲裁员不能担任陪审员；三是细化规定公民被纳入失信被执行人名单期间，不得担任人民陪审员。人民法院撤销或者删除失信信息后，公民符合法定条件的，可以担任人民陪审员。另外，《答复》第 3 条至第 5 条沿用了 2005 年《选任答复》第 4 条至第 6 条关于乡镇人民代表大会主席团成员和人大常委会工作人员，以及人大常委会组成人员等人员离任后能否担任人民陪审员的规定，并根据相关法律规定修改了部分表述。第二，细化了人民陪审员连任问题。法律规定人民陪审员任期五年，“一般不得连任”，《陪审选任办法》进一步明确规定“公民担任人民陪审员不得超过两次”。实践中，对于在人民陪审员法实施前任命和在不同辖区任命的情形，是否计入“两次”的问题认识不统一。《答复》第 8 条将任职次数限制明确涵盖到人民陪审员法实施前任命以及在不同法院任职的情形，让更多的公民有机会参与到司法事务中来。第三，明确了关于兵团法院人民陪审员选任问题。根据人民陪审员法及《人民陪审员选任办法》，结合兵团工作实际，整合吸收 2005 年《选任答复》和 2019 年司法部《关于新疆生产建设兵团司法局人民陪审员选任机构问题的批复》，进一步明确了相应情况下选任机构、名额确定、任命问题。

下一步，我们将以《答复》的出台为契机，指导各地司法行政机关进一步加强与人民法院及相关部门的协作配合，完善工作机制、抓好具体组织实施，切实落实好人民陪审员法和相关规定，充分发挥司法行政职能作用，共同推进人民陪审员选任常态化开展，加大普法宣传，推动形成人民群众理解支持、积极参与的良好局面。

问：除法律另有规定外，人民陪审员同法官有同等权利，那么陪审员是否也应参照法官法实行任职回避？比如，有的陪审员配偶、父母、子女从事律师职业，在陪审员任职地区法院进行诉讼活动的，这种情况如何约束？

答：人民陪审员法规定：“人民陪审员的回避，适用审判人员回避的法律规定。”结合人民陪审员的职责定位，实际上是诉讼回避的要求。在人民陪审员法实施以后，有意见提出，人民陪审员依法履职期间，同法官享受同等权利，如其配偶、父母、子女从事律师职业，如可在其所任职法院代理诉讼案件，将在一定程度上影响司法公正，建议人民陪审员也适用法官任职回避的规定；也有意见提出，人民陪审员一般不适用法官任职回避的规定，但特殊情况除外，如可能在同一审判组织成员中出现近亲属的情况。

我们认为，法官任职回避与三大诉讼法规定的回避是两种不同的制度，诉讼法规定的回避着眼于审判活动，任职回避是对执业权利的一种限制。关于人民陪审员是否适用法官任职回避的规定，一方面，人民陪审员与职业法官有所区别，陪审员仅在参加案件审判时具有审判权，并非一项职业，与职业法官不同；另一方面，人民陪审员主要是随机抽选产生，其配偶亲属系律师等情形并不占主体，且参审案件也是随机抽取，并有参审数上限，从这个角度看可以不适用任职回避规定。综上，考虑到二者性质不同，采取个案诉讼回避的方式可以解决实践中此类问题，《答复》明确规定，人民陪审员适用民事、刑事、行政诉讼法中诉讼回避的规定，不适用法官法中法官任职回避的规定。

问：《答复》对于规范人民陪审员选任、提高人民陪审员参审质效和提升司法公信力，具有十分重要的意义。下一步，最高人民法院和司法部在人民陪审员法贯彻落实上还有哪些部署？

答：两年来，各级人民法院和司法行政机关从制度体系建设、总体部署和具体推进全方位入手，人民陪审员选任、培训、参审、管理保障等各方面工作均取得明显进展，人民陪审员参审质效、队伍素质逐步提高，司法公信力和群众获得感不断增强，但也面临不少困难和问题。党的十九届四中全会对人民法院加快建设公正高效权威的社会主义司法制度、推进审判体系和审判能力现代化提出了更高要求。下一步，人民法院和司法行政机关将在全国人大及其常委会的有力监督和指导下，立足职能，把实施人民陪审员制度作为坚持群众路线、扩大司法民主、确保司法公正的重要工作抓实抓好。一是强化协同配合，进一步提升人民陪审员选任工作质效。健全完善司法行政机关与人民法院、公安机关的良好协作机制，针对部分地区选任工作出现的问题，深入分析查找原因，有针对性地改进工作方式，提高选任工作质效。细化人民陪审员选任的资格条件和背景审查。指导和鼓励各地司法行政机关、人民法院积极发挥主观能动性，加强沟通磨合，在法律框架内探索具有地区特色的选任方法。二是优化参审机制，进一步发挥人民陪审员参审作用。指导各地法院进一步完善庭前阅卷、法官指引、评议案件等机制。认真总结疫情防控常态化形势下的“云陪审”等经验做法，不断优化人民陪审员参审模式，着力解决工陪矛盾。三是健全管理机制，进一步实现培训、考核、奖惩工作精细化发展。各地要加强组织领导，进一步明确人民陪审员工作的管理部门和具体职责，加大信息化建设力度，提升管理水平。进一步优化完善现有陪审管理系统相关功能，提高系统适用性。加大培训力度，指导各地法院因地制宜、因人施策，会同司法行政机关分层分级分类对法官、书记员、人民陪审员等进行培训。鼓励各地结合疫情防控常态化采取同步视频、网络课件等方式开展培训。协调财政部抓紧研究出台经费管理办法，落实人民陪审员法对参审对象和标准的规定。四是扩大学习宣传，进一步凝聚人民陪审员工作强大合力。加强基层宣传教育，推动将人民陪审员制度纳入“八五”普法宣传，通过印发普法教育手册，出版法律和配套文件简明释义等，进一步扩大制度群众基础。认真做好《答复》的宣传解读工作。在《法治日报》《人民法院报》等开辟人民陪审员专栏。对“人民陪审”微信公众号进行更新改版，以人民群众喜闻乐见的形式，传递人民陪审员制度的价值理念。指导地方各级法院、司法行政机关建立健全常态化宣传机制，共享资源信息，凝聚宣传合力，共同营造陪审工作良好氛围。

司法实务问题研究

真意保留行为的法律适用规则

朱 庚*

意思表示是表意人对外表达特定私法效果的行为，由内心意思与外部表示两部分构成，前者为意思本身，即内部构成要件；后者为意思的表示，即外部构成要件。在理想状态下，表意人意思的形成以及效果意思的表达均应是无瑕疵的，此时的意思表示有效。但在现实经济生活中，行为人在将其内心意思表示于外部的过程中，因各种原因难以避免地会出现不同情形的瑕疵，即"意思表示瑕疵"。针对意思表示瑕疵之法律后果，随着我国民事法律体系的完善，相关法律规定亦不断科学和体系化。1986 年颁布的民法通则第五十八条第一款第三项、第四项、第六项分别规定了受欺诈、胁迫、乘人之危实施的民事行为及基于恶意串通、以合法形式掩盖非法目的的实施的民事行为无效，同时该法第五十九条第一款第一项规定行为人对其因重大误解实施的民事行为可以请求变更或者撤销。1999 年颁布的合同法分别在第五十二条、五十四条对涉及他人或公共利益的瑕疵意思表示和仅涉及合同一方利益的瑕疵意思表示所订立的合同区分了无效和可撤销或变更的法律后果。2017 年颁布的民法总则在民事法律行为一章对合同法中关于瑕疵意思表示的相关规定进行了吸收和改进，规定对因受欺诈、胁迫等手段而作出的违背真实意思的民事法律行为仅能

* 作者单位：江苏省宿迁市中级人民法院。

申请撤销而无权请求变更；同时在第一百四十六条中规定了通谋虚伪表示实施的民事法律行为无效。2020 年颁布并于 2021 年 1 月 1 日起施行的民法典在其总则部分基本承袭了民法总则的体例和规定，至此，我国民法规范对瑕疵意思表示各种情形已基本覆盖并渐趋完善。从立法轨迹看，我国民事法律制度及学界对真意保留问题并未予以过多关注。现实经济生活中，随着淘宝网等网络交易平台的兴起和网络交易的发展，部分电商为达到虚增销量、积累信誉的目的，从事刷单行为，买家借此“薅羊毛”，由此引发纠纷，人民法院需要根据相关法律条款对某意思表示是否构成真意保留及其处理规则作出判断。

一、典型案例引入

（一）基本案情

佛山聚阳新能源有限公司（以下简称聚阳公司）是 1688 网络交易平台（www. 1688. com）商户。自 2015 年 4 月 21 日起，聚阳公司在 1688 网络交易平台上将其销售的空气能热水器单价标注为 1 元、40 元、50 元、80 元和 99 元从事刷单行为。2015 年 6 月 1 日，邬某在线下单购买上述 5P 空气能热水器 4 台，在线支付货款 4 元（免运费）。聚阳公司登记该商品于 2015 年 7 月 6 日已发货，但并未实际发货。后邬某分别于 2015 年 7 月 18 日在线购买 5P 空气能热水器 4 台，支付货款 4 元（免运费）；7 月 19 日在线购买 10P 空气能热水器 4 台，支付货款 4 元和运费 1 元；7 月 23 日在线购买 10P 空气能热水器 8 台，支付货款 8 元（免运费）。上述交易均系邬某直接在线生成订单，聚阳公司均登记“已发货”，但均未实际向邬某交付商品。2015 年 8 月 8 日，聚阳公司以“产品已经停产”为由，向邬某的支付宝账户退回货款 20 元和运费 1 元。

邬某诉至法院，请求判令聚阳公司按 20 台空气能热水器市场价值赔偿邬某损失 429180 元。

聚阳公司辩称：聚阳公司在网络销售平台上将价值万元的空气能热水器价格标注为 1 元/台系其工作人员为刷单需要作出，该公司并无以 1 元/台价格订立合同的意思。聚阳公司已解除合同并通过网络平台将货款全部退还给邬某，邬某在本案中无任何经济损失。请求驳回邬某的诉讼请求。

经法院调查，1688. com 网络交易平台和淘宝网对规格 5P 的类似商品价格在9000 元左右至15400 元左右不等，规格10P 的类似商品价格在12500 元左右至25000 元左右不等。

（二）裁判结果

江苏省沭阳县人民法院经审理认为：邬某和聚阳公司之间的买卖合同依法成立且合法有效。聚阳公司辩称其已向邬某退还货款，案涉买卖合同已经解除，但其未举证证明双方存在解除合同的约定，也未举证证明其具有法定解除合同的理由，其主张案涉买卖合同已经解除无事实和法律依据。而邬某在本案诉讼中主张因聚阳公司拒绝履行合同，致使合同目的无法实现，要求解除合同，并通知了聚阳公司，符合法律规定的合同解除条件，故案涉买卖合同于2017 年 12 月 7 日解除，邬某有权要求聚阳公司赔偿损失。关于邬某的损失，案涉合同如果能够得到履行，邬某可以依约定取得相应商品，聚阳公司应当能够预见到其违约会导致邬某无法取得商品，故案涉商品的实际价值应为邬某的可得利益。现因聚阳公司违约，邬某无法取得相应商品，邬某现主张按商品市场价格计算损失，符合法律规定。因邬某和聚阳公司均未提供充分证据证明案涉商品的价值，根据法院调查的市场价格，酌情按每台 9000 元的标准计算规格 5P 案涉商品的价值，按每台 12500 元的标准计算 10P 规格案涉商品的价值。据此，邬某损失数额应为 222000 元，扣除聚阳公司已退还邬某的货款和运费21 元，聚阳公司还应赔偿邬某 221979 元。综上，沭阳县人民法院判决：聚阳公司于判决发生法律效力之日起十日内赔偿邬某损失 221979 元；驳回邬某的其他诉讼请求。

聚阳公司不服一审判决，向江苏省宿迁市中级人民法院提起上诉，请求撤销一审判决，改判驳回邬某的诉讼请求。理由为：聚阳公司将案涉商品价格标注 1 元销售是刷单行为，并无以 1 元价格销售空气能热水器的真实意思。邬某对此应当是明知的，其购买案涉商品主观目的是恶意谋取巨额赔偿，而不是依据合同获得空气能热水器。故案涉买卖合同未成立，聚阳公司仅承担缔约过失责任。一审法院判决聚阳公司承担超出合同价款一万倍的违约赔偿责任，造成利益失衡。

江苏省宿迁市中级人民法院二审另查明：2016 年 9 月 7 日，邬某向聚阳公司支付宝账户支付 21 元。二审法院认为，本案二审争议焦点：一是聚阳公司与邬某之间的买卖合同是否成立及生效；二是聚阳公司在本案中应如何向邬某承担合同责任，邬某在本案中的损失如何认定。

关于第一个争议焦点，即聚阳公司与邬某之间的买卖合同是否成立及生效问题，合同成立的实质要件是当事人就订立合同形成了一致的意思表示。本案特殊性在于，聚阳公司单方从事刷单行为的背景下，需要分析双方是否真正形成了以 1 元单价订立合同的一致意思表示，该问题主要争议在于聚阳公司以 1 元价格销售空气能热水器的意思表示是否真实有效，应如何解释其意思表示。聚阳公司为提高销量排名安排“1 元交易”刷单，尽管在行为上作出了以 1 元价格在 1688 网络交易平台销售空气能热水器的表示，但其主观上的真实意思并非以 1 元价格对外出售价值万元的案涉商品，而是以“1 元交易”自导自演进行刷单。聚阳公司作为表意人，其作出“1 元交易”的意思表示应认定为真意保留。

对于真意保留的法律效果，我国现行民事法律并未作出直接规定。在现行法律构架下，可以从意思表示解释规则出发加以规范。民法总则第一百四十二条第一款、第二款对是否存在相对人的意思表示的解释方法作出了区别规定。相较于无相对人的意思表示解释，有相对人的意思表示解释是以表示主义为原则，意思主义为例外，相对人不知悉或不应当知悉表意人真意的，应当按照表示主义解释意思表示，以此保护相对人合理信赖，维护交易安全。据此，真意保留情形下的法律适用规则应归纳如下：一是相对人不知悉或不应当知悉表意人内心保留的，应当以表示意思解释表意人的意思表示；二是相对人知悉或应当知悉表示人内心保留的，应当按照表意人的真意解释其意思表示。

本案中，邬某分四次先后向聚阳公司购买了共计 20 台空气能热水器，分别为 4 台、4 台、4 台和 8 台。对于邬某是否知悉聚阳公司将空气能热水器售价标为1元系虚伪表示、存在真意保留情形，具体分析如下：邬某作为网络交易的购买方，在其首次购买4台空气能热水器时，不宜认定其明知聚阳公司的标价系虚伪意思表示。理由为：第一，网络交易具有特殊性，其具有迅捷、非面对面、针对不特定群体、信息不对称等特点，维护交易安全应为其首选价值取向，购买方在遵守网络交易规则前提下进行的购买行为的信赖利益应当得到保护。第二，聚阳公司作为网络交易的经营者，应秉持更加审慎、诚信的原则，应对其发布的产品要约信息负责，其自导自演刷单行为显然违背了市场交易诚实信用原则，应当承担相应的法律后果。第三，现无证据证明邬某此前存在利用网络商户虚假标注或因疏忽错标商品价格而进行相关交易，借此向对方索赔以谋取利益的行为。至于邬某购买商品系用于自用或经营，还是转售给他人，对判断其是否为善意相对人并无实质影响。因此，虽然聚阳公司将空气能热水器标价为1元的确存在不合理之处，但并不能够当然确定邬某在发起首笔交易时明知聚阳公司的1元标价系虚伪表示。在双方首次交易中，邬某对于聚阳公司订立合同的意思存在合理信赖，应以聚阳公司的意思表示为准，认定双方订立的买卖合同成立并生效。如此处理也有利于规制网络刷单行为，引导网络商户诚信经营，净化网络购物环境，维护网络交易安全和网络交易秩序。

在2015年6月1日首次购买空气能热水器后，邬某又分别于2015年7月18日购买4台、7月19日购买4台、7月23日购买8台。此时距第一次购买已经超过一个半月，邬某在聚阳公司没有实际向其发货的情况下，基于民商事主体正常的行为逻辑，应是与对方沟通，询问相关情况，催促、确认发货事宜，以降低交易风险，避免经济损失，而不是继续下单购买。但邬某不仅未与聚阳公司沟通以确定对方发货，反而又分三次购买16台空气能热水器，其行为异于常理。尤其需要注意的是，邬某作为交易一方，基于此前第一笔交易中的4台空气能热水器并未收到货物的事实，结合1元售价远低于成本的特殊情况，且销售时点并非“双11”“双12”“6·18”等重大打折季，只要稍加注意，即可认识到交易的异常性。但邬某不仅不与聚阳公司沟通确认对方以1元价格销售空气能热水器的真实性，反而在网页上直接点击在线购买，绕过聚阳公司在线客服人员，通过直接在线生成订单的方式购买 16 台空气能热水器，其明知和利用对方存在虚伪表示“薅羊毛”的心理较为明显。据此能够认定，邬某在后三笔交易中，其主观上明知或应知聚阳公司以 1 元销售空气能热水器的意思表示并非该公司真实意愿，即聚阳公司保留了真意。在此情形下，应当以聚阳公司真实意思解释其意思表示，聚阳公司真实意思是“刷单”，而非订立合同，因而应认定双方之间未形成订立合同的一致意思表示，买卖合同未成立。

关于第二个争议焦点，即聚阳公司在本案中应如何向邬某承担合同责任暨邬某在本案中的损失如何认定问题。如前所述，案涉四笔交易中，双方订立的第一份买卖合同成立并生效，后三份买卖合同不成立，据此应分别处理。关于第一份合同，聚阳公司违反合同约定，拒不履行交付 4 台规格 5P 空气能热水器的义务，构成违约，邬某有权要求聚阳公司赔偿损失。合同法第一百一十三条第一款规定，当事人一方不履行合同义务或者履行合同义务不符合约定，给对方造成损失的，损失赔偿额应当相当于因违约所造成的损失，包括合同履行后可以获得的利益，但不得超过违反合同一方订立合同时预见到或者应当预见到的因违反合同可能造的损失。因聚阳公司违约导致邬某不能取得其所购 4 台规格 5P 空气能热水器，则该 4 台规格 5P 空气能热水器的实际价值即为邬某基于合同履行后能够获得的履行利益，4 台规格 5P 空气能热水器的市场价格即为邬某的实际损失，聚阳公司应按此数额予以赔偿。一审法院参照规格 5P 空气能热水器的市场价格，按每台 9000 元的标准计算邬某的损失并无不当。据此，邬某在第一份合同中的损失数额为 36000 元，聚阳公司应予赔偿。关于双方在后形成的三份订单，因合同未成立，聚阳公司应向邬某返还其已付货款 16 元和运费 1 元，除此之外邬某并无其他损失，无权要求聚阳公司赔偿。邬某要求聚阳公司按照四份合同中的全部标的物即 20 台空气能热水器的市场价值赔偿其损失，于法无据，不应支持。二审判决：撤销沭阳县人民法院（2016）苏 1322 民初 19065 号民事判决；聚阳公司于本判决发生法律效力之日起十日内赔偿邬某损失 36000 元；聚阳公司于本判决发生法律效力之日起十日内向邬某返还货款16元和运费1元；驳回邬某的其他诉讼请求。

二、真意保留情形下的意思表示瑕疵

意思表示瑕疵包括意思表示不自由、意思与表示不一致两种情形。①

意思表示不自由是指行为人因受他人控制失去了表意自由，从而作出了违背真实意思的表示，较为典型的情形是受欺诈、胁迫作出意思表示。意思与表示不一致分为意思表示错误和虚伪表示。意思表示错误是指表意人因对行为性质、标的物的错误认识，或基于表达过程中的错误，作出了违背其真实意思的表示，典型情形为重大误解。虚伪表示则是表意人故意作出与真实意思不符的表示，可分为通谋虚伪表示和单方虚伪表示，真意保留即属单方虚伪表示。②

真意保留，又称心中保留，是指表意人虽然不具有受其意思表示约束的真意，却故意隐匿该真意而发出意思表示。通常而言，真意保留的构成要件如下：一是须有意思表示的存在，即表意人作出了意思表示。“真意保留虽然属于意思表示的瑕疵类型，但是表意人通过表达于外部的行为的表示内容应当具有法律上的价值。”③ 二是表意人作出的表示与内心真实意思不一致。依据表意人的表示所得出的客观的、规范的意义，与表意人的内心意思不相符。例如，甲为安慰其病危的母亲，向其母亲作出要将房屋赠与其弟的意思表示，而其内心是将房屋出卖给其弟。三是表意人明知其表示与真意不符，仍故意作出表示。意思与表示不一致，系表意人故意导致，与无意识的非真意表示即意思表示错误（重大误解）不同。

以德国为代表的传统民法理论上，将意思表示的内部构成要件即意思本身划分为三个层面。第一，表意人具备从事某项行为的内心意思，即行为意思。通常而言，行为意思必不可少，表明其行为受其自由意志的控制，若是欠缺行为意思，则不构成一个意思表示，仅存在意思表示的表象。若是表意人本身不

---

① 参见王泽鉴：《民法总则》，北京大学出版社2009年版，第282页。

② 德国民法上认为单方虚伪表示包括真意保留和戏谑表示，日本民法和我国台湾地区“民法”对单方虚伪表示则仅限于真意保留。

③ 冉克平：《真意保留与戏谑行为的反思与构建》，载《比较法研究》2016年第6期。

具有自由意志，而是受他人的不正当影响，则构成欺诈或胁迫这两类瑕疵意思表示。[①]

在行为意思层面，行为人仅在内心里具有从事某项行为的意思，尚未意识到其行为具有任何法律上的意义，故仅有行为意思尚未触及意思表示的范畴。[②] 第二，表意人认识到其行为将很可能产生一定法律上的意义，即表示意思或称表示意识。随着交易安全和信赖利益保护理念的日益凸显，现代民法学说和判例亦发生了变迁，表示意思是否必要存在较大争议，呈现出“表示意思非必要说”逐渐取代“表示意思必要说”的趋势。如德国最高法院于 1991 年作出的一项判决认为，如果行为人的相对人依据诚信原则及交易惯例，可以将行为人所表达的内容理解成意思表示，则即便行为人主观上不具备表示意思，其行为仍构成一项意思表示。[③] 第三，表意人欲通过其行为表达特定的法律后果，即效果意思。于此角度，表意人的主观心理上具有了意欲发生特定法律效果的内心意思，对其意图有欲受法律保护的意愿。

真意保留情形下，因表意人在表达其内心意志过程保留了其真实意思，导致其客观上表达出来的意思与其真实意愿不相符合，其本质是“表意人在为意思表示时由于某种原因而故意追求意思与表示不一致的后果”[④]。故此种意思表示瑕疵是因表意人故意保留了内心的真实意思，其在作出意思表示时欠缺效果意思，即表意人不希望发生由其所表达出来的法律后果。在意思表示的构成要件角度，真意保留与戏谑表示存在明显不同。戏谑表示又称非诚意表示，是指表示人非出于真意进行表示，且也期待对方能够识别出自己的不严肃性，例如表意人见朋友喜欢自己的汽车，与其开玩笑说“车子送给你了”。二者区

---

① 冉克平：《民法典总则意思表示瑕疵的体系构造——兼评〈民法总则〉相关规定》，载《当代法学》2017 年第 5 期。

② 参见潘运华：《心意保留意思表示的效力——兼评三部〈民法总则专家建议稿〉的相关规定》，载《现代法学》2016 年第 4 期。

③ 参见邵建东：《表示意识是否意思表示的要素》，载梁慧星主编：《民商法论丛》第 17 卷，金桥文化出版（香港）有限公司 2000 年版。

④ 参见邵建东：《表示意识是否意思表示的要素》，载梁慧星主编：《民商法论丛》第 17 卷，金桥文化出版（香港）有限公司 2000 年版。

别在于，戏谑表示情形的表意人缺乏表示意识以及效果意思，但真意保留场合表意人只缺乏效果意思而具有表示意识。真意保留情形，表意人故意不愿让对方发现自己的表示非真意；而戏谑表示情形下，表意人在心理上认为相对方会发现其表示的非严肃性。从而在真意保留情形，表意人未发生错误。而戏谑表示情形，表意人错误地认为相对人不会当真，其内心意思（即不存在意思表示）与外部体现出的表示（即存在意思表示）不一致，且不一致并非基于表意人故意，而是基于错误（误以为对方不会当真）。①

本文所选案例是一起典型的电商为刷单需要而对商品价格进行虚假发布的行为。此类行为中，电商为了串谋他人进行刷单，往往在网络交易平台上以较低的价格标注销售信息，实则其内心缺乏以该价格订立买卖合同的真实意思。不知情的普通网购者下单，电商往往以缺货为由联系网购者要求取消订单，由此产生纠纷。就本案而言，聚阳公司在销售平台上将其空气能热水器价格标注为1元/台，实则是以该价格进行刷单，易言之，其心理上并不愿意接受以1元价格与客户订立买卖合同的法律后果。当然需要提出的是，聚阳公司与他人合谋进行刷单，双方构成通谋虚伪表示。但聚阳公司在从事刷单行为过程中，理应明知其发布的价格信息极易被并非与该公司串谋刷单的真实网购者获取，存在非刷单者以刷单价格下单购买的风险，仍基于刷单需要，在网络销售平台上将其空气能热水器价格标注为1元/台，向不特定对象发布1元/台价格销售空气能热水器的虚假要约信息，该行为符合真意保留的构成要件。因此，本案中仅需针对聚阳公司在网络销售平台上以1元/台虚假价格销售空气能热水器的行为进行分析，认定其行为构成真意保留。至于聚阳公司与他人通谋刷单的行为，与本案中发出的虚假表示虽存在一定关联性，但二者定性互不影响。

三、比较法视野真意保留意思表示的法律后果

民法的传统规则为“留在内心中的意愿不发生效果”，直到德国民法典首

① 参见纪海龙：《真意保留与意思表示解释规则——论真意保留不具有独立的制度价值》，载《法律科学》2018年第3期。

次对真意保留进行规定。该法第 116 条第 1 款规定："表意人对于表示事项内心保留有不愿的意思，其意思表示并不因此无效。但是如果对于另一方作出意思表示且另一方知其有保留时，其意思表示无效。"上述规定后为日本、韩国、葡萄牙及我国台湾地区、我国澳门地区的民法典所继受或借鉴。如日本民法典第 93 条规定："意思表示，不因表意人明知其出于非真意所为而妨碍其效力。但相对人明知或可知表意人的真意时，其意思表示无效。"葡萄牙民法典第 45 条、澳门民法典第 237 条亦规定：意图欺骗受意人而作出违背真意之意思表示，即为真意保留。真意保留不影响意思表示之有效，但为受意人知悉者除外；在此情况下，真意保留具有虚伪行为所产生之效果。我国台湾地区"民法"第 86 条规定："表意人无欲为其意思表示所拘束之意，而为意思表示者，其意思表示不因之无效。但其情形为相对人所明知者不在此限。"上述规定尽管在文字表述上略有差别，但对真意保留的处理原则并无不同。

同为大陆法系，法国、瑞士、意大利、荷兰、奥地利等国家的民法并未对真意保留作出规定，但是当表意人故意作出与内心意思不一致的表示行为时，对该行为如何处理并非无法可循。上述国家主要是通过两种路径予以解决。第一是诉诸于合同解释论。如瑞士债法典第 18 条规定："对合同内容和形式的解释，应当考虑合同当事人真实的意思表示和当事人由于差错或者有意掩盖合同的真实性质而使用的不正确的词语或者表达方式。"荷兰民法典第 3:35 条规定："意思表示中意思的缺乏，不得被援引以对抗将他人的意思或行为，按照当时的情势合理地解释为由该他人对其作出的有特定含义的意思表示的人。"第二是通过表见理论予以处理。按照表见理论，尽管表意人的表达内容与其内心的真实意思不一致，但是既然已经作出了意思的表达（即便表达与意思不符），就会给相对人造成相应的合理信赖。如法国民法学说认为，当合同当事人隐藏协议的真实内容而制订了一份公开的文书，该文书背后还有真正体现双方合意的秘密文书或相反协议时，第三人可以从公开文书得出所有的后果，即使它并不代表缔约双方内部的意思表示，亦即秘密文书不能对抗第三人。由此可见，即使表意人不欲使外在表示发生法律效力，只要相对人基于外在的表达内容可以得出正常结论，善意相对人因此可不受影响。[①]

比较大陆法系国家和地区的立法例，无论是否对真意保留予以明文规定，对于真意保留的处理规则总体上是以表示主义为原则，意思主义为例外。之所以如此处理是基于如下原理：一是信赖保护。表意人一旦作出了具有法律意义的表示，相对人（受领人）对该项表示即具有合理信赖，对于这一合理信赖法律应予必要的保护。从外观主义的角度分析，因表意人自身原因导致意思的外部表象与真实状态不一致，且相对人无从知悉表意人的表达意思与内心意思不一致，基于该信赖而从事相关行为时，应根据表意人表达于外部的意思状态确定法律后果（而不是依据真实状态），以保护善意相对人，保护交易安全。因此在无证据证明相对人明知表意人存在与表达意思不一致的内心意思时，应优先保护相对人的信赖利益。二是归责原则。由于表意人明知虚伪表示会被对方接受，仍故意作出虚伪表示，那么其应自行承担相应的不利益，受意思表示的约束。当然，此时约束力产生的根据并非效果意思，而是令表意人承担从其表示行为中推断出来的效果意思应担的责任。而善意相对人无法了解表意人的真实意思，不具有可归责性，对其应予保护。如前所述，基于首重交易安全，保护信赖利益的原则，区分相对人对表意人存在真意保留是否明知、是否涉及善意第三人之情形，对意思表示是否有效作出区别处理。具体而言：

第一，相对人并不知悉表意人存在真意保留之情形，意思表示有效，相对人得依据表意人表示之意思主张其履行。如表意人故意作出模棱两可的表示，相对人仅从其中某一层意思上理解表示，而表意人的真实意思却是以另一层次的意思发生效力，或表意人作出模棱两可表示的目的是将以此作为主张表示无效的理由，则表意人应按照相对人所理解的意思发生效力。

第二，相对人知悉或应当知悉表意人存在真意保留之情形，意思表示无效。理由在于，相对人此时明白表意人的真实意思并非表示于外部的意思，对于表意人的意思表示自不存在合理信赖，并无需要优先保护的利益，如此处理也不损害交易安全。

---

① 冉克平：《真意保留与戏谑行为的反思与构建》，载《比较法研究》2016年第6期。

第三，真意保留的无效不得对抗善意第三人。因相对人知悉表意人真意保留导致表意人的表示无效的，在涉及第三人交易时，该无效不得对抗善意第三人，以此强调保护交易安全。如韩国民法典第107条规定："意思表示，表意人虽明知其非出其真意而作出，亦发生其效力。但相对人知道或应当知道表意人非真意时，无效。前款意思表示的无效，不得对抗善意第三人。"

四、我国民事法律框架下真意保留的解释规则

我国现有民事法律规范体系中并无对真意保留及其法律效力的相关规定。①

原民法总则和2020年颁布的民法典第一百四十三条均将"意思表示真实"明确为民事法律行为有效的要件，但是对于意思表示不真实的法律效力并未明确，尽管二者均在第一百四十六条对于通谋虚伪表示的法律效力加以直接规定，明确行为人与相对人以虚假的意思表示实施的民事法律行为无效，但对于真意保留这一单方虚伪表示的效力，因欠缺直接规定，存在较大争议。在理论和司法实践中，一种思维是直接导入民法典（或原民法总则）第一百四十三条规定，以意思表示不真实为由认定该行为无效。如此处理的弊端在于，故意作出虚伪表示的行为人反而可以基于其虚伪表示不受自身表示的制约，对于善意相对人而言无法给予应有的保护，难谓公平合理。再者，即便是意思表示不真实，现有民法理论和法律条文也并非一概认定意思表示不真实作出的缔约行为无效，而是以是否损害共利益和第三人利益作出区分处理，对于损害公共利益和第三人利益的合同认定无效，仅损害当事人自身利益的合同通过合同撤销权保护受害一方。因此直接以民法典（或原民法总则）第一百四十三条规定认定真意保留行为无效在逻辑上并不周延。另一种思维是认为表意人可以诉请撤销其行为或者基于虚伪表示订立的合同。这一思维的缺陷在于合同撤销

① 2002年公布的民法草案第66条曾规定："虚假的意思表示，表意人不得主张该意思表示无效，但相对人知道或者应当知道该意思表示与其真实意思不一致的除外。"王利明、杨立新、梁慧星、孙宪忠等各自负责或领衔起草的学者建议稿中也对真意保留作了类似规定，但最终颁布的民法总则并未保留该条款，2020年颁布的民法典也未作出规定。

权的设立初衷是为了维护意思表示不自由和意思表示错误一方的利益，真意保留系表意人故意作出虚伪表示，与此情形仍赋予其撤销权，无异于将虚伪表示的表意人视同为意思表示的受害方，不符合合同撤销权的立法目的。

排除了上述裁判思维后，在我国现行法律构架下，针对真意保留的法律后果，可以也应该从意思表示解释规则出发加以明确。意思表示是表意人为了满足法律行为的要求而作出，以达到法律上效果为目的。因此，意思表示的解释涉及三个层次的问题。（1）某一行为是否为意思表示；（2）意思表示的内容如何；（3）意思表示是否有所谓的“漏洞”，应如何予以补充。[①] 真意保留构成意思表示并无疑问，对这一意思表示进行解释，也不涉及“漏洞”补充问题，故解释的目的在于对意思表示的意义进行查明。意思表示的意义查明，是要探寻主观意思，还是确定其客观表示意义，反映出两种对立的价值追求。前者突出表意人的自我决定，后者突出表示相对人（受领人）的信赖保护。上述对立其实也是“意思主义”与“表示主义”的理论之争。如将意思表示不被理解或误解视为一种风险，按意思主义应由相对人承担风险，按表示主义则应由表意人承担风险。[②]

对于上述理论分歧，作为意思表示解释规则的普遍适用的原则性条款，民法典总则编第一百四十二条（原民法总则同一条）分别在第一款和第二款中作出了不同的取舍。该条第一款规定，有相对人的意思表示的解释，应当按照所使用的词句，结合相关条款、行为的性质和目的、习惯以及诚信原则，确定意思表示的含义；第二款规定，无相对人的意思表示的解释，不能完全拘泥于所使用的词句，而应当结合相关条款、行为的性质和目的、习惯以及诚信原则，确定行为人的真实意思。可见，民法典第一百四十二条确立的意思表示解释规则，针对是否有相对人的意思表示进行了区分，赋予自我决定和信赖保护

---

① 参见王泽鉴：《民法总则》，北京大学出版社2009年版，第282页。

② 参见朱庆育：《民法总论》，北京大学出版社2016年版，第220页；朱晓喆：《意思表示的解释标准——〈民法总则〉第142条评释》，载《法治研究》2017年第3期。

不同的价值权重。①

对于有相对人的意思表示，解释的目标显然在于表示出来的意思，更侧重于相对人的信赖保护；相较而言，对于无相对人的意思表示，则是探求表意人的真实意思，尊重表意人的自我决定。换言之，相较于无相对人的意思表示解释，有相对人的意思表示解释是以表示主义为原则，意思主义为例外，相对人不知悉或不应当知悉表意人真意的，应当按照表示主义解释意思表示，以此保护相对人合理信赖，维护交易安全。具体在真意保留情形下，相对人不知悉或不应当知悉表意人真实意思的，表意人的意思表示不因真意保留而不生效力；但在相对人知悉或者应当知悉表意人内心保留情况下，应按照表意人真意解释意思表示，由于表意人真意是不欲发生表示出的法律效果，对此表示的解释结果便应是意思表示不存在。从利益衡量出发，因相对人此时并无需要予以保护的合理信赖，故认定意思表示不存在也不会损及相对人利益以及交易安全。由此可以归纳出真意保留情形下的法律适用规则：一是相对人不知悉或不应当知悉表意人内心保留的，应当以表示意思解释表意人的意思表示；二是相对人知悉或应当知悉表示人内心保留的，应当按照表意人真意解释其意思表示。我国民事法律制度在一定程度上与德国、日本等大陆法系国家法律存在移植关系，如此解释，也与大陆法系国家和地区关于真意保留的相关法律规定殊途同归。

具体在本文案例中，就网络购物而言，网络商户在网络交易平台上展示商品名称、品牌、规格、价格、数量等具体确定的待售商品信息，客户选定商品即可在线生成订单，故网络商户在相关交易平台上展示待售商品信息的行为一般应认定为要约。②

聚阳公司将其待售空气能热水器的名称、品牌、规格、单价1元/台的价格信息发布于1688.com网络交易平台，该项意思表示应认定向不特定相对人

① 朱晓喆：《意思表示的解释标准——〈民法总则〉第142条评释》，载《法治研究》2017年第3期。

② 电子商务法第四十九条规定：“电子商务经营者发布的商品或服务信息符合要约条件的，用户选择该商品或者服务并提交订单成功，合同成立。当事人另有约定的，从其约定。”

发出的一项要约，亦即是有相对人的意思表示。因此应按民法典第一百四十二条第一款的规定对聚阳公司的意思表示进行解释（因本案二审判决系在2019年作出，故判决援引民法总则第一百四十二条第一款规定）。正如本案二审判决所论证，本案中应区分邬某在首次交易和后续批次交易中的不同情况，判断其是否明知或应知聚阳公司标注的1元/台单价销售信息是否为虚伪表示。在邬某第一次下单时，从保护期信赖利益、维护网络交易安全角度出发，应认定双方第一次合同成立。第一次合同订立后，聚阳公司并未实际发货，时隔一个半月后，邬某不仅不与对方沟通、确认、催促发货，反而又分三次以在线生成订单的方式购买货物，其明知对方不存在订立合同的真实意思而乘此机会“薅羊毛”的主观心理是明显的，此时应以聚阳公司的真实意思解释其意思表示，则该公司标注的价格信息是为了刷单，并无以1元/台价格销售空气能热水器的意思表示，因此，之后的三笔订单因双方并未形成以1元/台价格订立合同的一致意思表示，合同不成立。

新类型疑难案例选评

吉林临江农村商业银行股份有限公司与曹某某返还原物纠纷案[①]

张召国[*]　杨毅鹏[**]

【裁判要旨】

预告登记，是为保全一项以将来发生不动产物权变动为目的的请求权的不动产登记。换言之，登记的不是现实的不动产物权，而是将来发生不动产物权变动的请求权。关于预告登记的请求权的效力，法律和司法解释只规定了预告登记后的请求权的权利保全效力，以及在特定情况下的顺位效力和破产保护效力，即旨在保障物权变动按照预告登记制度所欲实现的秩序完成。但是其并无保障预告登记权利人所有债权实现的目的，或者说并不保障预告登记权利人物权变动之外的请求权的实现，包括该物权变动请求权的转化形态。

【基本案情】

一审法院经审理查明：2015年11月12日，曹某某与吉林省泓鹏房地产开

① 一审：（2018）吉0681民初790号；二审：（2018）吉06民终832号；再审：（2020）吉民再50号。

* 《中国审判》杂志社常务副总编辑。

** 吉林省高级人民法院民事审判第三庭副庭长。

发有限公司（以下简称泓鹏公司）签订商品房买卖（预售）合同，购买位于吉林省临江市泓鹏茗儒庄园1号楼S－01、S－02、S－03号共三套房屋，建筑面积分别是220.36平方米、163.34平方米、163.34平方米，总计547.04平方米，曹某某以每平方米12600元支付购房款首付总计3992704元。2015年12月1日，曹某某与中国农业银行股份有限公司临江市支行签订了《个人购房担保借款合同》，贷款290万元用以支付剩余购房款。曹某某用于抵押贷款的临江市泓鹏茗儒庄园1号楼S－01、S－02、S－03房屋于2015年12月1日在临江市房屋产权管理中心办理抵押（按揭、在建）备案登记。按照当地不动产产权管理部门规定，案涉房屋的预购商品房预告登记与预购商品房抵押权预告登记在同一流程合并办理。贷款发放后，曹某某依照合同约定向泓鹏公司履行了全部付款义务。此后曹某某一直按合同约定偿还贷款。

吉林临江农村商业银行股份有限公司（以下简称临江农商行）于2016年9月23日与泓鹏公司签订购房协议，购买了位于吉林省临江市泓鹏茗儒庄园1号楼S－01、S－02、S－03、S－04四套房屋，房屋总面积668.84平方米，临江农商行以每平方米10700元价格一次性交付购房款6525269元。付款后，泓鹏公司将上述房屋交付临江农商行占有使用，占有使用期间的水费、电费、物业费、采暖费等均由临江农商行交付。

截至本案审结时，案涉房屋尚不具备办理所有权登记之条件，亦未办理初始登记。

曹某某起诉至法院，请求判令：1. 临江农商行立即腾空临江市泓鹏茗儒庄园第1栋S－01、S－02、S－03号房屋，并将房屋交付给曹某某；2. 临江农商行赔偿曹某某房屋占有费用312500元（自占用之日2016年11月15日起至2018年7月31日，每年每户租金6万元，到实际腾空交付原告之日止）；3. 诉讼费用由临江农商行承担。

【审理结果】

一审法院经审理认为：案涉房屋虽未办理房屋所有权登记，但已经在不动产登记机关办理了预告登记及抵押权预告登记，该登记具有公示和对抗第三人的效力，已经登记的预售房屋产权应归登记的权利人即曹某某所有，曹某某基于买卖行为取得了案涉房屋的物权；泓鹏公司未经预告登记权利人同意，擅自将案涉房屋处分给临江农商行的行为不发生物权效力，因此临江农商行不能对抗曹某某对该案涉房屋行使物权保护之权利，故判决：一、临江农商行于本判决发生法律效力之日起五日内返还曹某某位于临江市泓鹏茗儒庄园 1 号楼 S－01、S－02、S－03 号房屋；二、驳回曹某某的其他诉讼请求。

临江农商行不服一审判决，提出上诉，请求撤销一审判决，改判驳回曹某某的诉讼请求。其认为：曹某某出示的抵押权登记备案证明的本质是抵押权预告登记而非抵押权登记，它不是物权凭证，不能据此主张物权保护。曹某某根本没有取得商品房（预售）预告登记。即使其取得了预告登记，其也不是物权凭证，不能据此主张物权保护。

二审法院认为：经该院核实，案涉房屋预购商品房预告登记与预购商品房抵押权预告登记在同一流程合并办理。根据《中华人民共和国物权法》第二十条第一款“当事人签订买卖房屋或者其他不动产物权的协议，为保障将来实现物权，按照约定可以向登记机构申请预告登记。预告登记后，未经预告登记的权利人同意，处分该不动产的，不发生物权效力”；《中华人民共和国合同法》第一百三十条“买卖合同是出卖人转移标的物的所有权于买受人，买受人支付价款的合同”；第一百三十三条“标的物的所有权自标的物交付时起转移，但法律另有规定或者当事人另有约定的除外”及国土资源部发布的《不动产登记暂行条例实施细则》第七十八条“申请预购商品房抵押登记。应当提交下列材料：（一）抵押合同与主债权合同；（二）预购商品房预告登记材料；（三）其他必要材料。预购商品房办理房屋所有权登记后，当事人应当申请将预购商品房抵押预告登记转为商品房抵押权首次登记”的规定，虽然案涉房屋并未办理房屋所有权证，但为了保障将来实现物权，案涉房屋已经在不动产登记机关办理了商品房预告登记及商品房抵押权预告登记，该登记具有公示和对抗第三人的效力，已经登记备案的预售房屋产权应归登记的权利人即曹某某所有，曹某某基于买卖行为取得了案涉房屋的物权。泓鹏公司未经预告登记的权利人曹某某同意，擅自将案涉房屋处分给临江农商行的行为不发生物权效力。根据《中华人民共和国物权法》第三十四条“无权占有不动产或者动产的，权利人可以请求返还原物”的规定，曹某某基于其与泓鹏公司签订的《商品房买卖合同（预售）》、购房收据、《个人购房担保借款合同》、临江市房地产抵押（按揭、在建）备案登记证明等相关证据，要求临江农商行返还案涉房屋的请求于法有据，临江农商行称“曹某某仅与泓鹏公司签订商品房买卖合同，没有取得产权，就没有物权”的上诉理由，不予支持。据此，二审法院判决：驳回上诉，维持原判。

临江农商行不服二审判决，向吉林省高级人民法院申请再审。该院经审查，裁定提起再审。

吉林省高级人民法院再审认为：本案系返还原物纠纷案件，曹某某提起本案诉讼，要求临江农商行返还案涉房屋，其请求在法律属性上系返还原物请求权，故本案的主要争议焦点为曹某某行使返还原物请求权是否符合法律规定。

《中华人民共和国物权法》第三十四条规定：“无权占有不动产或者动产的，权利人可以请求返还原物。”该条是关于返还原物请求权的规定，且主要是指所有权人的返还原物请求权。因此，判断曹某某在本案中是否享有返还原物请求权，则需首先审查其对案涉房屋是否享有所有权。《中华人民共和国物权法》第九条第一款规定：“不动产物权的设立、变更、转让和消灭，经依法登记，发生效力；未经登记，不发生效力，但法律另有规定的除外。”结合本案事实，曹某某尚未办理案涉房屋的所有权登记，故其对案涉房屋并不享有物权，亦并不具备行使返还原物请求权之权利基础。

除所有权人的返还原物请求权之外，《中华人民共和国物权法》只在第二百四十五条中对占有人的返还原物请求权作了特别规定，该条第一款规定：“占有的不动产或者动产被侵占的，占有人有权请求返还原物；对妨害占有的行为，占有人有权请求排除妨害或者消除危险；因侵占或者妨害造成损害的，占有人有权请求损害赔偿。”本条是关于占有保护请求权的规定。占有保护请求权的基础是占有事实，是法律为保护占有的事实而特别赋予占有人的一种救济性权利。但在本案中，曹某某并未提供充分证据证明其已对案涉房屋实现了占有，故其亦无法行使占有保护请求权要求临江农商行返还案涉房屋。

本案中，曹某某主张其基于已办理案涉房屋预告登记的行为，依照《中华人民共和国物权法》第二十条的有关规定，享有要求临江农商行返还案涉房屋的权利。对该主张，再审法院评述如下：《中华人民共和国物权法》第二十条第一款规定："当事人签订买卖房屋或者其他不动产物权的协议，为保障将来实现物权，按照约定可以向登记机构申请预告登记。预告登记后，未经预告登记的权利人同意，处分该不动产的，不发生物权效力。"该条是关于不动产登记制度中的预告登记的规定。预告登记，是为保全一项以将来发生不动产物权变动为目的的请求权的不动产登记。也就是说，预告登记所登记的不是现实的不动产物权，而是将来发生不动产物权变动的请求权，它是在确定的财产权登记条件还不具备时，为了保全将来财产权变动能够顺利进行，而就相关的请求权进行的登记。预告登记的实质作用在于限制现实登记（或依建造行为等法定事由可进行初始登记）的权利人行使处分权，预告登记权利人所享有的是阻却、排斥嗣后所有权变动以及登记簿障碍的权利。关于预告登记的请求权的效力，法律和司法解释只规定了预告登记后的请求权的权利保全效力，以及在特定情况下的顺位效力和破产保护效力。总之，预告登记制度旨在实现一定的物权秩序，具体而言是旨在保障物权变动按照预告登记制度所欲实现的秩序完成。但是，其并无保障预告登记权利人所有债权实现的目的，或者说，并不保障预告登记权利人物权变动之外的请求权的实现，包括该物权变动请求权的转化形态。本案中，曹某某基于其与泓鹏公司形成的商品房买卖合同关系，所享有的系其对泓鹏公司的债权，可依此行使请求交付、配合变更产权登记等债权请求权；其基于完成对案涉房屋进行预告登记所享有的系预告登记请求权，所保障的系其对案涉房屋将来物权变动能够顺利进行的权益，但上述民事权益均不具备法律层面上的不动产物权性质。如前所述，曹某某提起本案诉讼，要求临江农商行返还案涉房屋的行为，法律性质上是一种行使返还原物请求权的行为。返还原物请求权在法律属性上系一种典型的物权保护请求权，其权利基础是请求权人对物享有物权。因此，在曹某某尚未办理案涉房屋产权登记，不享有案涉房屋物权的情形下，无论临江农商行与泓鹏公司之间的房屋买卖协议是否合法有效，是否能够实际履行，或临江农商行对案涉房屋的占有使用行为是否具备合法基础，曹某某均无权要求临江农商行返还案涉房屋。曹某某可待取得案涉房屋所有权后，再行使返还原物请求权。

综上，再审法院作出判决：一、撤销吉林省白山市中级人民法院（2018）吉06民终832号民事判决及吉林省临江市人民法院（2018）吉0681民初790号民事判决；二、驳回曹某某的诉讼请求。

［评析］

预告登记不保障预告登记人物权变动请求权之外的其他请求权的实现

物权法中，很多情形下，均规定了权利人可请求返还原物，在表述时，均可称为返还原物请求权，但在规范基础、权利主体、所受限制等方面存在明显差异。《中华人民共和国物权法》（以下简称物权法）中涉及“返还原物”的共有五个法条。结合本案事实，与曹某某行使返还原物请求权有关的是第三十四条和第二百四十五条，但曹某某主张系基于第二十条规定的“预告登记”享有了案涉房屋的所有权或准所有权，进而依照物权法第三十四条之规定请求返还原物。鉴于此，试对上述各条文规定的适用条件逐一分述。

一、行使物权法第三十四条规定之返还原物请求权的条件

物权法第三十四条规定：“无权占有不动产或者动产的，权利人可以请求返还原物。”该条是典型的物权人返还原物请求权的规定。从体系解释的角度看，该条规定在物权法第一编第三章“物权的保护”中，此处“权利人可以请求返还原物”中的“权利人”仅指物权人。在本条中，还需明确无权占有

的概念，按照占有是否有本权的依据，占有可以分为有权占有和无权占有。所谓本权，系指基于法律上的原因可对物进行占有的权利。有权占有即有本权的占有，如所有权人对不动产或动产的占有，质权人依质权对质物的占有；无权占有即无本权的占有，如对遗失物、漂流物、埋藏物的占有。本条所指向的是基于本权的返还原物请求权，主要是指所有权人的返还原物请求权。因物权法在第二百四十五条中对占有人的返还原物请求权（占有保护请求权）作出了特殊规定，单纯基于占有的返还原物请求不适用本条。综上，本条的适用条件可以简要归纳为：一是请求权的主体必须是物权人；二是请求权的相对人必须以物权占有的方式妨害物权。

本案中，因曹某某尚未办理案涉房屋的所有权登记，案涉房屋的不动产物权设立或变更尚未发生法律效力，故其对案涉房屋并不享有物权，亦并不具备行使返还原物请求权之权利基础，进而不能适用物权法第三十四条之规定。

二、行使物权法第二百四十五条规定之占有保护请求权的条件

物权法第二百四十五条规定："占有的不动产或者动产被侵占的，占有人有权请求返还原物；对妨害占有的行为，占有人有权请求排除妨害或者消除危险；因侵占或者妨害造成损害的，占有人有权请求损害赔偿。占有人返还原物的请求权，自侵占发生之日起一年内未行使的，该请求权消灭。"本条是关于占有保护请求权的规定。占有保护请求权以排除对占有的侵害（侵占或妨害）为目的。所谓侵占，系指违反占有人的意思而排除其对物事实上的控制与支配；所谓妨害，系指非侵夺占有而妨碍占有人管领其物，致其适用可能性及利益遭受侵害。占有保护请求权与物权请求权在权利基础上是有区别的，物权请求权是基于物权的绝对性、支配性、排他性而衍生出的一种防卫性请求权；占有保护请求权的基础是占有事实，而非基于确定的权利，是法律为保护占有的事实而特别赋予占有人的一种救济性权利。在此基础上，行使占有物返还请求权的条件可以归纳为：一是请求权的主体必须是占有被侵占之前的原占有人，请求权的相对人系现在之占有人；二是相对人必须以侵夺占有的方式妨害占

有，且侵占行为的结果导致原占有人丧失占有；三是相对人的侵占行为具有违法性。

本案中，无论曹某某，还是临江农商行，在本案诉讼时均不享有案涉房屋的所有权。曹某某在与泓鹏公司签订商品房预售合同并办理按揭贷款后，并未实际占有案涉房屋，泓鹏公司亦未向曹某某交付房屋。相反，恰是临江农商行在与泓鹏公司签订房屋买卖合同并履行付款义务后，基于泓鹏公司的交付行为实际占有使用了案涉房屋。因此，曹某某也就无法依据物权法第二百四十五条的规定向临江农商行主张返还案涉房屋。

三、物权法第二十条规定之预告登记的保护范围

物权法第二十条第一款规定："当事人签订买卖房屋或者其他不动产物权的协议，为保障将来实现物权，按照约定可以向登记机构申请预告登记。预告登记后，未经预告登记的权利人同意，处分该不动产的，不发生物权效力。"该条是关于不动产登记制度中的预告登记的规定。预告登记，是为保全一项以将来发生不动产物权变动为目的的请求权的不动产登记。也就是说，预告登记所登记的不是现实的不动产物权，而是将来发生不动产物权变动的请求权，它是在确定的财产权登记条件还不具备时，为了保全将来财产权变动能够顺利进行，而就相关的请求权进行的登记。预告登记的实质作用在于限制现实登记（或依建造行为等法定事由可进行初始登记）的权利人行使处分权，预告登记权利人所享有的是阻却、排斥嗣后所有权变动以及登记簿障碍的权利。关于预告登记的请求权的效力，法律和司法解释只规定了预告登记后的请求权的权利保全效力，以及在特定情况下的顺位效力和破产保护效力。总之，预告登记制度旨在实现一定的物权秩序，具体而言是旨在保障物权变动按照预告登记制度所欲实现的秩序完成。但是，其并无保障预告登记权利人所有债权实现的目的，或者说，并不保障预告登记权利人物权变动之外的请求权的实现，包括该物权变动请求权的转化形态。

本案中，曹某某基于其与泓鹏公司形成的商品房买卖合同关系，所享有的

系其对泓鹏公司的债权，可依此行使请求交付、配合变更产权登记等债权请求权；其基于完成对案涉房屋进行预告登记所享有的系预告登记请求权，所保障的系其对案涉房屋将来物权变动能够顺利进行的权益，但上述民事权益均不具备法律层面上的不动产物权性质。因此，在曹某某尚不享有案涉房屋物权的情形下，无论临江农商行与泓鹏公司之间的房屋买卖协议是否合法有效，是否能够实际履行，或临江农商行对案涉房屋的占有使用行为是否具备合法基础，曹某某均无权要求临江农商行返还案涉房屋。

江苏某涂料有限公司诉温州某针织有限公司破产债权确认纠纷案①

涂圣通　章伊瑞*

【裁判要旨】

承包人行使建设工程价款优先受偿权的期限为六个月，自发包人应当给付建设工程价款之日起算。该六个月为除斥期间，权利人应该在期间内行使优先受偿权，否则将不能得到支持。

【基本案情】

原告：江苏某涂料有限公司（以下简称涂料公司）

① 一审：瑞安市人民法院（2019）浙0381民初3873号（2019年4月25日）；二审：温州市中级人民法院（2019）浙03民终3435号（2019年8月12日）。

* 作者单位：浙江省瑞安市人民法院。

被告：温州某针织有限公司（以下简称针织公司）

瑞安市人民法院经审理查明：原被告于2015年3月5日签订《外墙面涂料工程施工合同》。2015年11月，工程完工并经被告验收合格。2015年11月6日，经双方结算，确认工程款为1235843.60元，由被告出具《结算凭证》一份。根据合同约定，被告应于2016年11月13日前支付工程款给原告，但被告未能按约履行。原告于2016年12月21日向本院提起诉讼，请求：1. 判令被告支付原告外墙涂料工程款1235843.6元；2. 本案的诉讼费用由被告承担。2017年3月6日，原、被告达成和解协议，约定："一、经双方协商，原、被告双方确认工程总价款按98万元结算，余款原告放弃。二、被告于2017年3月31日前将98万元工程款支付给原告。三、如被告未能在本协议约定的期限内偿还完98万元，未偿还的部分，则由被告承担从2016年12月1日起按中国人民银行同期贷款利率计算利息。四、如因被告未履行本协议形成诉讼，则原告因诉讼支付的追索费用由被告承担。五、原告向瑞安市人民法院撤诉"等内容，原告根据协议约定撤诉，但被告仍未能履行协议约定的义务。2017年11月10日，原告再次向本院提起诉讼，请求：一、被告立即给付工程款98万元及利息（以98万元为基数从2016年12月1日起按中国人民银行同期贷款利率计算至实际履行之日止）；二、被告承担原告的律师代理费5万元；三、本案的诉讼费用由被告承担。2018年1月31日，本院作出（2017）浙0381民初13277号民事判决，判决：一、被告于判决生效之日起十日内支付原告工程款98万元并赔偿利息损失；二、被告于判决生效之日起十日内支付原告实现债权费用3万元；三、驳回原告的其他诉讼请求。判决于2018年2月24日生效，原告于同年4月3日申请强制执行。2018年6月15日，本院受理被告的破产清算申请。原告申报了债权并主张优先受偿权。后因债权人浙江某建设有限公司提出异议，管理人于2019年2月19日作出债权核查通知，告知原告债权人浙江某建设有限公司提出的异议成立，债权编号8-1的债权核查结果为普通债权。

涂料公司于2019年3月15日向瑞安市人民法院提起诉讼，请求判令：

一、判决确认原告对申报的债权编号8-1（工程款98万元）的债权享有优先受偿权。二、本案的诉讼费用由被告承担。

被告针织公司未作答辩。

【审理结果】

瑞安市人民法院认为，《最高人民法院关于审理建设工程施工合同纠纷案件适用法律问题的解释（二）》第二十二条规定，承包人行使建设工程价款优先受偿权的期限为六个月，自发包人应当给付建设工程价款之日起算。该六个月为除斥期间，权利人应该在期间内行使优先受偿权，否则将不能得到支持。2015年11月6日，经双方结算并由被告出具《结算凭证》，确定于2016年11月13日前支付工程款。该履行日即为应当给付工程价款之日，届满即具备行使优先受偿权的条件，以此为起算点，原告应在六个月内行使优先受偿权。原告于2016年12月21日起诉主张工程价款时并未主张优先受偿权。现原告在破产清算程序中主张工程价款优先受偿权已逾六个月，不符合法律规定，本院不予支持。依照《最高人民法院关于审理建设工程施工合同纠纷案件适用法律问题的解释（二）》第二十二条规定，判决驳回原告涂料公司的诉讼请求。

涂料公司不服一审判决，提起上诉。

温州市中级人民法院经审理认为，2015年11月6日，双方对工程款进行结算并由被上诉人出具了《结算凭证》，被上诉人应于2016年11月13日前支付涉案工程款。根据《最高人民法院关于审理建设工程施工合同纠纷案件适用法律问题的解释（二）》第二十二条规定，承包人行使建设工程价款优先受偿权的期限为六个月，自发包人应当给付建设工程价款之日起算。上诉人涂料公司在破产清算程序中才主张工程价款优先受偿权已超过上述法律规定的建设工程价款行使优先权期限，原判对其优先权主张未予支持，处理正确。

根据被上诉人提供的债权异议申请表等，上诉人涂料公司上诉称浙江某建设有限公司未在破产文件规定的十五日内正式向管理人提出债权异议，与事实不符，法院不予采纳。

据此，依照《中华人民共和国民事诉讼法》第一百七十条第一款第（一）项之规定，判决驳回上诉，维持原判。

［评析］

建设工程价款优先受偿权的行使

建设工程优先受偿权的行使期限及起算点是实现优先受偿权的首要前提，而承包人后续能否获取工程价款，首先就取决于优先权的行使是否在法律规定的期限范围内，此时就涉及该权利何时行使，何时消灭，以及权利期限是否合法、合理的问题。

一、建设工程优先受偿权的行使期限

在《最高人民法院关于审理建设工程施工合同纠纷案件适用法律问题的解释（二）》征求意见的过程中对于建设工程优先受偿权行使期限，曾有两种方案：方案一，延续《最高人民法院关于建设工程价款优先受偿权问题的批复》（以下简称《工程价款优先受偿批复》）第四条的规定，建设工程承包人行使优先权的期限为六个月；方案二是建议建设工程承包人行使优先权的期限为一年，如此，更有利于保护施工单位的利益。最终司法解释将其规定为六个月，主要理由为：一是考虑到《工程价款优先受偿批复》已实施多年并未引起争议，具有实践与理论上的合理性；二是为了保持裁判规则和司法政策的连续性，对期限不作变更是较为合适的；三是建设工程优先受偿权的期限涉及抵押权人等第三人的利益，为了督促承包人及时行使权利，同时减少因约定的还款期限过长而出现不利于承包人的情形；四是《工程价款优先受偿批复》在实践中的主要问题是期间起算点问题，而不是期间长短问题。因此，在优先受偿权的行使期限上不宜延长而缩短，仍规定为六个月。

鉴于优先受偿权的生效无需登记，且不存在对外公示的形式，该权利的行使对其他权利人有较大影响，不能因权利人怠于行使该权利而妨碍其他权利人

权利的实现。因此，为了促使承包人积极行使权利，同时为了让其他权利人的合法权益可以及时得到实现，稳定法律秩序、维护交易安全，该期限作为承包人的权利行使期，应当是除斥期间而非特殊诉讼时效，承包人只有在该期间内行使优先受偿权，否则将不能得到支持。

二、建设工程优先受偿权的起算时间

《工程价款优先受偿权批复》第四条规定，建设工程承包人行使优先权的期限为六个月，自建设工程竣工之日或者建设工程合同约定的竣工之日起计算。该批复将建设工程承包人行使优先受偿权的期限起算点设定为确定的日期，导致审判实践中存在较大争议，各级法院也纷纷出台相关文件确定不同情况下优先受偿权的起算点，如《江苏省高级人民法院关于审理建设工程施工合同纠纷案件若干问题的意见》第十九条，建设工程已经竣工的，承包人的工程价款优先受偿权的行使期限自建设工程竣工之日起六个月；建设工程未竣工的，承包人的工程价款优先受偿权的行使期限自建设工程合同约定的竣工之日起六个月。《浙江省高级人民法院关于〈执行中处理建设工程价款优先受偿权有关问题的解答〉的通知》［浙高法执（2012）号］规定，六个月期限的起算点应区分以下情况予以确定：发生建设工程施工合同纠纷时工程已实际竣工的，工程实际竣工之日为六个月的起算点；发生建设工程施工合同纠纷时工程未实际竣工的，约定的竣工之日为六个月的起算点；约定的竣工日期早于实际停工日期的，实际停工之日为六个月的起算点。权利人未在上述期限内行使优先权的，建设工程价款优先权丧失。

为了更好地维护承包人的利益，《最高人民法院关于审理建设工程施工合同纠纷案件适用法律问题的解释（二）》参照担保物权将建设工程价款优先受偿权的行使时间确定为债权未获满足之时，即确定为应当给付建设工程价款之日起。

三、应当给付建设工程价款之日的确定

一是合同对于工程价款的支付时间作出明确约定的，应当从其约定，这尊

重了当事人的真实意思表示，体现了合同应当全面实际履行的原则。

二是合同无效的，但建设工程经竣工验收合格的，可参照合同约定的支付时间认定应当给付建设工程价款之日。

三是合同解除或终止履行，应视具体情况具体分析。实践中，大部分合同解除或者终止履行时，工程尚未完工，此时，若双方另行达成合意，应从其约定，以约定的支付时间作为优先受偿权的起算时间。若双方对于款项存在争议，并向司法机关或仲裁机构主张权利，由人民法院及仲裁机构确认发包人欠付承包人工程款，那么当事人提起诉讼之日可认定为应付款之日。

四是当事人未约定付款时间或约定不明的。由于工程在施工过程中，可能会由于施工资料不完善、施工中存在工期顺延、设计变更等因素导致履行出现问题，难以确定实际付款时间。实践中对于认定应当给付建设工程价款之日也存在争议。(1) 工程价款可通过工程造价鉴定确定的，应当以工程造价鉴定意见作出时，作为应付款时间。(2) 若工程价款未结算，建设工程也未交付的，应当以判决确定的支付工程价款之日为应付款之日。(3) 建设工程经竣工验收合格的，应当以竣工验收合格之日作为应付款时间，即优先受偿权的起算点。依照《最高人民法院关于审理建设工程施工合同纠纷案件适用法律问题的解释》第十八条，对未约定或约定不明作了相应规定："（一）建设工程已实际交付的，为交付之日；（二）建设工程没有交付的，为提交竣工结算文件之日；（三）建设工程未交付的，工程价款也未结算的，为当事人起诉之日。"该条解释对于解决此类情况具有借鉴意义。可按以下几种情形分别认定优先受偿权的起算时间：(1) 建设工程实际交付的，以建设工程交付之日为应付款时间；(2) 建设工程没有交付，此时建设工程仍由承包人掌管，若承包人在工程竣工验收合格之后提交了竣工结算文件，应认定承包人提交竣工结算文件的时间作为结算时间，即应付款之日；(3) 建设工程价款未结算，建设工程也未交付的，应以一审原告起诉时间作为应付款时间较为适宜。

本案中，原告涂料公司、被告针织公司于2015年3月5日签订《外墙面涂料工程施工合同》，合同约定，被告应于2016年11月13日前支付工程款给原告，该种情况应属于双方对于建设工程价款的支付时间作出了明确约定，应从其约定，履行日即为应当给付工程价款之日，即2016年11月13日应确认为应当给付建设工程价款之日。根据《最高人民法院关于审理建设工程施工合同纠纷案件适用法律问题的解释（二)》第二十二条规定，承包人行使建设工程价款优先受偿权的期限为六个月，自发包人应当给付建设工程价款之日起算。自2016年11月13日，届满即具备行使优先受偿权的条件，以此为起算点，原告应在六个月内行使优先受偿权。原告于2016年12月21日起诉主张工程价款时并未主张优先受偿权。现原告在破产清算程序中（2018年6月15日受理破产清算）主张工程价款优先受偿权已超六个月，故不予支持。

《最新法律文件解读》丛书

稿　约

《最新法律文件解读》是一套以为最新法律规范提供同步"解读"为主的系列丛书,分为刑事、民事、商事、行政与执行4个分册,按月出版。

本丛书以"解读"为重点,突出全、专、新、快、准等特点,通过对最新出台的法律、法规、司法解释、部门规章以及重要地方性法规进行同步动态解读,弥补了法律、法规、司法解释汇编类出版物没有同步阐释、解读内容的不足,为广大读者学习理解最新法律规范,正确贯彻执行法律文件,及时解决实践中的新情况、新问题,提供一个全方位、多层面的法律信息平台。

欢迎您向以下栏目赐稿:

【最新法律文件解读】主要是对最新颁行的法律文件进行解读,帮助司法和执法人员正确理解法律文件的立法背景、意义、重点内容、在适用中应注意的问题、与相关法律文件的衔接与互动关系等。

【司法实务问题研究】主要刊登对司法理论、实务及司法管理工作中的热点、疑难问题进行研究及评论的文章。

【新类型疑难案例选评】主要是对司法和行政执法实践中具有典型性和代表性的疑难案例,结合具体案情以及审理或处理结果进行简练精辟的点评,解析认识问题的方法、处理问题的法律依据和在个案中的具体适用。

【法学前沿与新视点】以摘要的形式刊登相关法学理论研究的最新动态及具有代表性和典型性的前沿问题,扩展法学研究的深度和广度。

【法律适用问题解答】主要针对司法和行政执法实践中面临的新问题、热点问题、疑难问题进行简要的解答,指出涉及的法律关系,明确法律适用依据。

稿件一经刊用即付稿酬,稿酬从优。

《刑事法律文件解读》　杨晓燕　邮箱:5184621@qq. com

《民事法律文件解读》　丁丽娜　邮箱:dlnlaw@163. com

《商事法律文件解读》　路建华　邮箱:shangshijiedu@126. com

《行政与执行法律文件解读》　张　奎　邮箱:271717306@qq. com

人民法院出版社

《最新法律文件解读》丛书编辑部